김두루 시집

함께 가야 할 그 길

도서출판 힘써

함께 가야 할 그 길

초판 인쇄 2020년 2월 1일
초판 발행 2020년 2월 10일

기획 | 힘써 기획부
지은이 | 김두루
대표이사 | 박경선
펴낸곳 | 도서출판 힘써

등록 | 2017년 11월 27일
주소 | 경기도 화성시 남양읍 남양로 786번길 15
　　　남양뉴타운A. 1002동 1406호
전화 | 010-8881-2926
E-mail : rlagkrwls2003@hanmail.net
ISBN 978-89-85323-13-0
값 10,000원

이 책의 저작권은 도서출판 힘써에 있습니다.
저자와 출판사의 동의 없는 무단 전재 및 복제를 금합니다.

목차

김두루 시인에게 주는 말 – 김학진 _ 9
축하의 글 – 이인상 _ 10
머리말 – 김두루 _ 12

제1부 함께 걸어가야 할 그 길

함께 걸어가야 할 그 길 _ 16
사랑은 _ 18
주님을 향한 나의 기도 _ 21
삶의 이유 _ 23
큰 사랑 작은 감동 _ 25
아 어찌하여 _ 27
동역하는 삶 _ 29
받을 수 밖에 없는 사랑 _ 32
감사의 말 한마디는 _ 34
부르심의 사랑 _ 36
잃어버린 사랑 _ 38
이 세상이 나를 버려도 _ 40
하나 되는 사랑 _ 42
곤고한 내 영혼 _ 44
나의 갈 길 다간 후에 _ 45
축복으로 채워지는 사랑 _ 47
삶의 도구 _ 50
생명보다 값진 사랑 _ 52
한 번의 기회를 사랑으로 _ 54

제2부 날 향한 사랑

영혼의 사닥다리 밟으며 _ 58
가슴앓이의 사랑 _ 60
감당해야 하는 사명 _ 62
마음으로 하나 되는 사랑 _ 64
남은 삶에 감사하는 삶 _ 66
인내하신 사랑 _ 68
하나님의 말씀 _ 69
날 향한 사랑 _ 71
채울 수 없는 사랑 _ 72
약속으로 이룬 사랑 _ 73
당신을 섬길래요 _ 75
하나가 된 사랑 _ 77
소중한 사랑으로 _ 79
무거운 내 짐을 _ 81
다가오신 그 분 _ 83
세상의 그 무엇이 _ 85
모든 허물을 이겨낸 사랑 _ 86
내 죄 때문에 _ 88

제3부 치유의 기쁨

울고 또 울었지만 _ 96
치유의 여정 _ 98
치유의 기쁨 _ 100
당신의 사랑이 _ 101
이름을 받기엔 _ 102
소중한 감동 _ 103
공감대의 작은 사랑 _ 105
소중한 친구 _ 106
눈을 바라보며 _ 108
주님 앞에 무엇을 바치리 _ 109
그 후로 오직 _ 110
오직 사랑하심 _ 112
나를 위해 하지 말고 _ 113
마지막 그때 _ 115
주님께 찬양함은 _ 117
내 마음을 아신다 _ 119
찬양 받으실 주님 _ 121
이 땅에 부흥을 _ 123
때가 차매 _ 125
영광의 기쁨을 보이소서 _ 127
가득히 넘치는 기쁨 _ 130

제4부 내가 죽어야 하는 삶

그의 모습은 사랑이었기에 _ 134
온전히 전하는 사랑 전함은 _ 135
주님 안에 거할 수만 있다면 _ 136
주는 내 영혼 만지시며 _ 137
기도하는 삶의 힘 _ 139
내가 죽어야 하는 삶 _ 140
왕의 자녀가 되는 축복 _ 142
주님이 아파하시기에 _ 144
주님만 사랑하는 삶 _ 146
당신의 거리 _ 149
거룩한 그 손 _ 151
지경을 넓히소서 _ 153
큰 사랑이 있어 _ 154
주님이 원하시는 그 소리 _ 156
큰 사랑을 모아 _ 157
주님 당신뿐이었기에 _ 159
눈물의 그 촉촉함이 _ 160
낮은 자를 높여 주시는 사랑 _ 162
큰 사랑 작은 사랑은 _ 163
늘 기쁨으로 하신 사랑 _ 164

제5부 사랑이 기쁨 되어

기쁨을 줄 수 있는 그 한마디 _ 166
밝혀 주는 사랑 _ 167
어떤 일이 있어도 _ 168
내게 주신 사랑 _ 169
넘치는 사랑 _ 170
당신의 영원한 빛 _ 172
가로막는 장애물 _ 173
시온의 향기 _ 175
당신을 지으신 사랑 _ 177
나의 안에 거하라 _ 178
새봄의 향기 _ 180
지친 그대 곁에 _ 181
삶의 영광 _ 183
아무것도 아닌 자들에게 _ 185
일어나세요 지금 _ 186
사랑의 기쁨 _ 187
참 기쁨의 이유 _ 188
내 안에 온전한 사랑 _ 189
상처를 만지시는 사랑 _ 190
남은 것에 감사 _ 191

제6부 세월의 흔적

흔적의 가치 하나 _ 194
견인된 은하수 _ 195
또 하나의 가치 _ 196
늘 함께 가야 하는 길 _ 197
가치로 채워진 삶 _ 198
흔적을 남긴 가치 _ 199
세월 _ 201
돌아온 가치 _ 202
세월의 흔적 _ 203

해설
순수한 시정(詩情)에 녹아버린 신앙-김치홍 _ 204

김두루 시인에게 주는 말

시편을 자주 읽어라

김학진(소설가 · 시인)

　김두루가 시인이 되어 첫 시집을 낸다니 기쁘기 한이 없다. 온가족에게 기쁨을 주는 일이다 성장과정을 내가 보아온 터이고 신앙을 갖고 성경 중에 나오는 시편을 여러번 읽는 모습을 본적도 있다. (함께 가야 할 그 길)이란 제목에 네 시집에 실린 시들을 읽어보니 마치 시편을 읽는 것과 흡사함을 느꼈다. 무척 자랑스럽다.
　시편을 자주 읽어야 한다. 시인의 눈으로 시편을 다시 읽으면 시편의 보석같은 아름다움을 느낄 것이다.
　시인은 신의 높은 경지와 자연의 원리, 인간삶의 진실을 찾아 표현해야 하는 힘든 일이다.
　시를 많이 읽고, 쓰고, 네가 좋아하는 시 세계를 찾아 연구하거라. 그러면 더 좋은 시를 쓸 수 있으리라.
　새벽하늘에 동터오르는 태양은 온세상과 인류의 마음을 환하게 만든다. 좋은 시짓기를 부지런히 하거라.
　축하한다.

　　　　　　　2020년 새해에 내는 시집을 축하하면서

축하의 글

함께 가야 할 그 길

이인상(시인)

하늘을 열어 햇님과 인사하고
마음을 열고 하늘을 영접하니
사람들은 신망애로 찬양하네요.

시인의 심혼에서
바람소리는 소망을 실어오고
낮 빛 밝은 사랑으로 채워지니
두 눈으로 아름다움을 볼 수 있고
두 귀로 즐거운 소리를 들을 수 있고
두 다리로 걸을 수 있으니
감사함에 행복 가득한 얼굴에 넘치네요.

땅에서 믿음에의 감사를 쏟아내고
하늘에서 소망에의 행복을 전해내며
사랑을 베풀어 용서로 보답할 때

오늘도 숨 터에서
창조주의 살아 있는 숨소리는
시인의 글이 실고 오네요.

다섯 다섯 손가락 두 손잡고
새 가슴 심장 박동에 소리 맞춰 사람들은
이 글을 읽게 되리라.

시집 출간을 축하합니다.

머리말

첫 시집을 내면서!

김두루

그 어느 누구에게 단 한번이라도 시를 어떻게 써야 한다는 지도를 받은 예가 없습니다. 다만 남들이 써 둔 시를 마음으로 읊으며, 무엇인가 나도 한번 써 보아야겠다는 생각만을 오래전부터 갖고 있어서, 틈틈이 한 편, 두 편 적어보기 시작한 것입니다. 그렇게 써둔 것들을 이렇게 정리하고 보니 제법 많이도 썼구나, 새삼 느껴집니다. 작가는 늘 자신의 작품이 세상에 나름 유명해 지기를 원합니다. 또한 그 작품이 최고의 것이기를 바랍니다. 작품을 쓴 장본인으로 최선을 다해 한 작품 한 작품 완성해 왔을 것이므로 그 노력의 대가 를 기대하기 때문입니다. 그러하나, 감히 본인은 그런 욕심을 내려 놓고 싶습니다. 제가 시를 쓴 그 본래의 뜻만은 적어도 이 시집 속 에서 충분하게 발견되어지기를 비는 마음입니다.

본인은, 시를 아는 시인은 미사여구(美辭麗句)의 문자에 얽매여, 고운소리만 내는 그런 류의 예술인이 아니기를 믿으며, 각박해져가는 세상인심을 순화시키고 잘못된 정서와 사상을 바로잡아 본연의 인 모습으로 돌아가게 하는 거기에, 시를 쓰는 목적이 있지 않을까 보았습니다. 시들은 나를 조금 더 내려놓을 때 채워지는 감동, 외로움을 달래가는 현실의 분개하며 그 때 그 때 노래했고, 그러면서 기대하고, 기다리며 써내려온 산물입니다. 아무쪼록 시집을 선택해 주신 여러분께 감사를 드리며, 이 시집을 낼 수 있게 물심양면 수고해 주신 농민문학사 및 여러분께 깊은 감사를 드리며, 마지막으로 모든 일들을 주관해주신 하나님께 깊이 감사하며, 머리말로 대신하겠습니다. 감사합니다.

제1부

함께 걸어가야 할 그 길

함께 걸어가야 할 그 길

내가 죽고 그대가 산다면
오늘 주님이 기뻐하시는
작은 당신

수많은 사람
비록 곁에 없지만

그분이 가신
발자취 따라
말없이 이 길을 가네

늘 낮아지고 오직 그분이
내 곁에 산다면
오늘 이 길이 때론 물질의 염려와
삶에 작은 시련들이 물밀 듯 밀려와도

잠시 후에 펼쳐질
작은 기쁨의 소망들이
삶에 물밀 듯 찾아옴은

어느새 내게 작은 지체들이
말없이 찾아와 오늘도 마음으로
북돋아줌은 당신이 주신
작은 선물이었기에

오늘도 작은
사랑의 빚을 채우려
말없이 이 길을 가려네

사랑은

좋아하는 사람은
수첩의 맨 앞에 쓰지만
사랑하는 사람은
마음속 깊은 곳에
말없이 새기는 것입니다

좋아하는 사람은
아는 것이 많은 작은 일이지만
사랑하는 사람은
알고 싶은 것이 더 많은 일입니다

좋아하는 사람은
눈을 크게 뜨고 싶은 사람이지만
사랑하는 사람은
눈을 감아야 볼 수 있는 사람입니다

좋아하는 사람은
헤어질 때 아쉬워서 돌아서는 작은 일이지만
사랑하는 사람은
함께 있는 이 순간에도
작은 아쉬움으로 느껴지는 일입니다

우정은 곁에 있는 것만으로도
가슴 벅찬 느낌이지만
사랑은 곁에 있을수록 확인하고픈
작은 사랑의 물음표입니다

사랑에 대해 더 확인하고파서
매일 만나도 돌아서면 생각이 나서
핸드폰을 열게 되는 까닭은
그 뿌듯한 느낌의 사랑의 화살표가
가슴속에 진하게 머물러 있기 때문입니다

사랑하기에 무엇이든 따뜻하게
감싸 줄 수 있는 작은 이유는
사랑하는 사람을 신뢰하기에

늘 옆에 있어도
혹시나 모자라지 않는지
사랑의 따뜻함의 입김을
마음속에 깊이 불어 넣어주는
사랑하기에 사랑의 힘은
얼마나 큰 힘을 갖고 있는지

사랑하는 사람이
모든 면에서 많이 소유했기에
좋아서 있기보다는

함께 있는 이유 하나로
너무 소중하고 값진 사랑이기에

오늘도 "사랑해" 라고
마음속에 잊히지 않는
진한 사랑을 전합니다

주님을 향한 나의 기도

주님
주님이 주신 편지
너무나 잘 읽었습니다

매순간 주님이 저의 삶 속에
간섭하심을 느낄 때마다
얼마나 감사한지 모릅니다

오늘 주님이 주신 편지를 읽고
또 한 번 감사의
눈물을 흘렸습니다

어찌 제가 주님의
자녀라 칭하며
주님을 아버지라
부르겠습니까
사랑하는 나의 주님
저에게는 능력이 없고
실수투성이며 남에게 상처만 주는
그런 더럽고 추악한 인간인데
어찌 저를 자녀 삼으셨습니까

오늘, 저는 너무나 피곤하고
힘이 들었습니다
하지만 주님께서 저에게
짐을 내려놓으라 하시며
저를 위로하신 그 말씀들이
큰 힘이 되었습니다

지금도 몸이 좋지 않고
피곤하지만, 오직 주님의
그 약속을 믿으며
더욱 사랑할게요

주 나의 아버지
너무나 감사합니다
진심으로 주님을 사랑합니다

저의 사랑은
보잘것없지만
저의 작은 사랑을
받아주세요

마지막으로 주님
죽도록 당신만을
온전히 사랑합니다

삶의 이유

살아가는 동안
기쁜 날, 좋은 일만 있다면
삶이 왜 힘들다고 하겠는지요
더러는 비에 젖고
바람에 부대끼며
웃기도 울기도 하는 일이
우리네 인생이지요

내 마음 같지 않은
세상일지라도
내 마음 몰라 주는
사람들일지라도
부디 원망의 불씨는
키우지 말고
그저 솔바람처럼 살다 보면
언젠가는 푸른 소나무를
닮아있겠지요

오늘 힘들어하는 당신
잘 사귀면 스치는 바람도
소중한 친구가 됩니다

인내와 손을 잡으면
고난도 연인이 됩니다

세월은 멈추는
법이 없어도
당신이 걷지 않으면
길은 가지 않습니다

힘내세요 용기를 가지세요
항상 당신을 멀리서 바라보는
작은 영혼들이 곁에 있잖아요

큰 사랑 작은 감동

사랑하는 이에게 줄 수 있는 일은
오직 한 가지
작은 사랑입니다

작은 것에 감동을 주고
조금 더 커진 사랑의 부피에
작은 감동을 합니다

햇살이 눈부신 이른 아침,
하얀 운동복 옷차림으로
안개 걸린 산책로를 정겹게 걷는
연인을 바라본 적이 있으십니까

크다고 좋은 것이 아닙니다
많다고 좋은 것이 아닙니다
작고 적어도 정성이 듬뿍 담긴
마음으로 함께하는 삶입니다

사랑하는 이에게 해 줄 수 있는
작은 사랑도 큰 사랑으로 조금씩
기쁨으로 채워집니다

지극히 작은 자에게
큰 사랑을 줄 때
작은 감동으로
아름답게 채워지는 삶

작은 기쁨의 순간순간들이
온전히 삶에 가득히 채워지길
두 손 모아 채워지게 합니다

아 어찌하여

세상에 쓰레기만도
못한 이 있나요
어찌하여 구속하여
주시나이까

주님의 영광 가리는데
앞장서 있나요
어찌하여 기억하여
주시나이까

오, 주여! 어찌하여
그러시나이까
내가 너를 족속하고
너를 지명했고

내가 너를 족속하고
너를 불렀나니
너는 내 것이라
주님의 고난을 알지 못하는
이 죄인을 어찌하여
사랑하시나이까

주님의 영광 가리는
이 죄인을 어찌하여
구속하시나이까

오, 주님 아버지의 크신
사랑으로 이 죄인을
용서하옵소서

동역하는 삶

인생길에 동역하는 지체가
옆에 있다는 것은
참으로 행복하고 소중한
작은 일입니다

힘들 때 서로 기댈 수 있고
아플 때 서로 위로하고
어려울 때 조금이나마
힘이 되어줄 수 있으니
많은 도움이 될 일입니다

홀로이면 고독할 터인데,
서로의 눈동자 맞추어 웃으며
동행하는 이 있으니
참 기쁜 일입니다

홀로는 할 수가 없고
맛있는 음식도 홀로는 맛없고
멋진 영화도 홀로는 재미없고
아름다운 옷도 보여줄 동역자가 없으면
무슨 소용이 있겠습니까

아무리 재미있는 이야기도
들어줄 동역자가 없다면
독백이 되고 맙니다

인생길에, 동역하는
지체가 있다면
더 깊이 사랑해야 합니다

그 사랑으로 인하여
오늘 그리고 내일도
행복할 수 있습니다

당신은 아름답습니다
모든 일에 최선을 다하는
당신은 참 아름답습니다
언제나 웃으며
친절하게 맞이하는
당신은 아름답습니다

섬길 줄 아는 포근한 마음을 가진
당신은 아름답습니다

아픔을 감싸주며
따뜻한 사랑이 있는
당신은 아름답습니다

약한 자를 위해
헌신할 줄 아는
당신은 아름답습니다

아픈 자를 따뜻하게
북돋아 줄 수 있는
당신은 아름답습니다

늘 겸손하게 섬길 줄 아는
당신은 아름답습니다

작은 약속도
따뜻하게 지켜주는
당신은 아름답습니다

분주한 삶 속에서도
늘 여유가 있는
당신은 참 아름답습니다

받을 수 밖에 없는 사랑

이해할 수 없는 아픔과
서러움이 내게 밀려와도
내가 여기 있어야 할 이유는
사랑임을 알았습니다

가슴 여미는 그리움으로
찬 눈물 닦으며 참아야 할 이유도
모두 사랑임을 알았습니다

바벨탑 너머로 흩어진
우리의 뒷모습 보며
찬 눈물 닦으시던 그 사랑

큰 고통 가슴에 묻고
십자가에 달리신 그 사랑
골짜기 어두운 낯선 곳 사랑 가득
발걸음 옮기시는 그 사랑

바로 그 사랑 때문에
오늘 내가 여기에 있고
내일 당신이 거기에 있고

그 날 주님 찾으시던 그들이
그곳에 있을 것이에요

오직 아버지의 찐한
그 작은 사랑 때문에
이 삶이 영원히 고백되어지길
온전히 받을 수밖에 없는
그 작은 사랑 안에
온전히 전하게 하소서

만세 전에 나를 창조하시고
하나님의 경륜 안에 인도하여 주심을
늘 찬미하게 하소서

감사의 말 한마디는

감사의 말 한마디는
그 사람의 마음을
움직이게 합니다

감사의 말 한마디는
억눌렸던 마음을
가라앉게 해줍니다

감사의 말 한마디는
마음에 잊히지 않는
기적을 만들어 줍니다

감사의 말 한마디는
마음을 더욱 새롭게
만들어 줍니다

감사의 말 한마디는
감사하게 만들어주는
새로움을 만들어 줍니다

감사의 말 한마디는
또 하나의 작은 감사를 낳게 하는
작은 감사로 채워지게 만듭니다

감사의 말 한마디로
누군가에게 작은 유익으로
아름답게 채워지게 하소서

부르심의 사랑

죽어도 내가 가야 할 배를 타야하네
두려움 내 앞에 서서
헤맬 수 없다고 하지만
나의 사명 흔들림 없다고
나의 삶이 비록 실패한다 해도
주님의 그 약속 믿으며
온전히 내려놓을 때

이길 수 없는 저 바다
비록 나를 기다린다 해도
이 노를 주님과 함께 저으며
비록 지쳐 돌아갈 수 없다 하여도
결코 나는 이 노를 놓지 않으리
깊은 바다 두려워 않고 나가며
거친 바다 싸우며 뚫고 나가리

나의 힘이 여기서 끝이 난다 해도
난 결코 두려워하지 않으리
나 실패한다 해도
주님의 그 음성 듣고
이길 수 없는 저 바다

저 멀리서 나를 기다린다 해도
나의 이 노를 저으리

힘써 나의 바다를 힘껏
저어 나가리

비록 지쳐 돌아갈 수 없다 해도
결코 나는 주저하지 않으리
거친 바다 싸워 뚫고 나가리
나의 항해 여기서 끝이 난다 해도
결코 여기서 주저하지 않으리

오직 주님 다시 오실 때까지
이 노를 영원히 저어가게 하소서

잃어버린 사랑

잃어버린 사랑에
주님이 오늘도
부르심을 받은 영혼들에게
오늘은 이곳 내일은 저곳
참사랑을 전하라 하시네

내 영혼 깊은 곳에
주님이 주신 사랑을
엎드려 생각한다면
이 일은 쉴 수 없음을
알아야 할 텐데

내 영혼 주님께
온전히 엎드리지 못함은
너무 안타까운 사실이기에

잃어버린 사랑을
주님은 반드시 묻게 될 때에는
그 사랑 어떻게 하게 될지

오직 주님의 사랑에 한 발자국
온전히 나아가지 못한 나의 부족함을
주님은 오늘도 말없이 바라보실 텐데

이런 사랑을 잃어버리지 않기 위해
오늘도 주님은 많은 자들에게
부여받은 사랑을 전하라 하시는데
내 영혼 그들에게 온전히 전하지 못함은

아버지의 사랑을 갈급해 하지 않는
모든 일들에 주님의 갈급함으로
이 맡은 사명을 온전히 감당할 수 있도록
주님! 남은 이 생애를 온전히 주님의
영광만을 위해 온전히 사용하소서

이 세상이 나를 버려도

이 세상이 비록 나를 버려도
주님의 십자가 앞에서 내 영혼
밝히 보여질 수만 있다면

나의 삶은 그 분과 함께 온전히
영원한 삶으로 동행할 수 있기에

아버지의 영광 내 영혼에
온전히 쌓여져 갈 때
아버지의 피 묻은 십자가 앞은
밝히 보일 수 있기에

주님의 십자가 앞에서 참소망을
온전히 얻을 수만 있다면
내 삶은 이 세상과 아무 관계없는 삶이기에

이제 따뜻한 음성으로 다시 찾아오시는
주님을 온전히 맞이할 때 날 안아 주시는
그분의 따뜻한 품안에 안길 때에

이 세상의 모든 것 하찮은 배설물로 여겨질
그런 아무것도 아닌 것으로 여겨질 때에
아버지의 참사랑의 보혈 앞에
나의 작은 사랑 주님과 큰 기쁨으로
온전히 삶에 말없이 채워질 때

주님은 한 영혼의 사랑 때문에
물과 피와 모든 것을 내어주기까지
사랑하신다고 오늘도 말씀하시는데
정작 주님 때문에 무엇을 바치며 살아왔는지

주님은 나의 더러운 죄 때문에
아무 대가 없이 물과 피를 쏟으셨는데
늘 내 모습 부족하며 내 믿음 부족하지만
아버지 오직 당신의 곁으로 나를 온전히 덮어 주소서

하나 되는 사랑

마음의 하나가 된 사실에
그 사랑을 흡족하게 할 수 있는
사랑의 호흡하며 살아갈 수 있는
청지기의 삶은

그 무엇과도 바꿀 수 없는
사랑으로 채울 수 있기에
세상의 어느 것 하나라도 오직 마음을
채울 수 있는 것은 하나도 없기에

작은 사랑 큰 사랑 마음으로 모아서
띄울 수 있는 사랑은
큰 기쁨으로 이룰 수 있는 사랑이기에

사랑의 마음을 담아 모든 사랑에
하나가 될 수 있는 일은 늘 그분과 함께하는
마음으로 전할 수 있는 그 사랑 때문에

오늘 하루를 전할 수 없다면
내 모습 이대로 그분께 온전히 갈수 없는
그런 한 사랑이 되면 안 되는 삶이기에

오늘은 이곳 내일은 저곳으로 아버지의
큰 사랑으로 기쁨을 담아
아버지의 큰 사랑 전할 수만 있다면

그분과 마음으로 하나가 되어
이 세상 끝날까지 피조물이 될 수 있도록
아버지 온전한 사랑으로 사용하옵소서

곤고한 내 영혼

주님의 아파하심을 생각하면
내 영혼이 곤고할지라도
쉽게 말할 수 없음을 알게 될 때

오직 아버지 당신의 흔적만을
제 삶에 기쁨으로 남겨질 수 있도록
주님 온전히 사용하신다면

나의 육신이 어떠한 환경과 어려움이
내 앞에 찾아온다 할지라도

주님의 사랑을 한 순간만이라도
곤고히 생각할 수만 있다면

오, 주님! 나의 영혼에 당신의 기쁨과 사랑이
온전히 삶 속에 물들여질 수 있도록
아버지 아파하심으로 더 기쁜 삶으로
닮아갈 수 있도록 주님 곤고한 제 영혼을

당신의 거룩한 손으로 그려질 수 있도록
아버지! 이 영혼을 온전히 어루만져 주소서

나의 갈 길 다간 후에

아득한 이 길을
모두 걸은 뒤에야
반드시 그분 앞에서
우리는 모두 서게 되네

우리의 모든 죄악을
서로 비판하기보다는
오직 심판대 앞에 섰을 때
그분이 어떻게 말씀하실지

그분 안에 매일 매일
고백한다 하면서도
후회와 죄책감으로
삶에 남게 되는 사실은

아직 내 속에 내가 너무도 많기에

이 모든 것을
내려놓지 않는다면
주님은 늘 칭찬보다는
책망하시지 않을지

복음의 순례자
주님의 백성다운 삶을
살아간 뒤에는 반드시
주님이 말씀하실 터인데

그 후에 주님의 음성 안에
나의 모든 것 드러나게 될 터인데

오직 갈 길을 모두 마치며
주님 앞에 참된 그릇으로
올려드려지길
온전히 사랑으로 전하리

축복으로 채워지는 사랑

삶에 얻을 수 있는
힘을 달라고
아버지께 간구하였으나

약한 몸으로
겸손히 복종하는
아버지의 사랑 배웠으며

큰일을 하기 위하여
건강한 몸을
온전히 간구하였으나

도리어 병을 얻어
좋은 일을 하게 되었고

부를 얻어 행복하기를
간구하였으나

가난한 자가 됨으로써
오히려 지혜를
배웠노라

한 번 세도를 부려
만인의 찬사를 받기
온전히 원했으나

세력 없는
자가 되어
아버지를
의지하게 되었고

삶을 즐기기 위해
좋은 것을
온전히 원했으나
아버지는
생명을 주사
좋은 것을 즐길 수
있게 하셨으며

오직 바라고
원했던 것을
하나도 받지
못하였으나

의연 중 희망한
모든 것을
얻었나니

나는 부족하되
내가 간구하지 않은
기도까지
응답되었으며

이제 많은 지체들
가운데 서서 흡족한
축복을 입었노라고

오늘도 말없이
이 복된 기쁨 전합니다

삶의 도구

그분 앞에서
삶이 구석구석
온전히 채워질 때

당신은 어떤
감사를 드리셨나요

때로는 마음이
너무 힘이 겨워

아버지의 사랑
온전히 전하지 못함은

그분 앞에서 온전히
되지 않은 부족함이

얼마나 주님 앞에서
죄송스러운지

오늘도 한걸음 나아갈 때
주님은 반드시

내게 먼저 구했는지
의연 중에 물어보실 텐데

주님 앞에서 오직
순수한 사랑만이

온전히 남게 되는 삶은
주님이 온전히 원하시기에

주님이 먼저 원하실 때에
생각하지 못했던 감동
온전히 채워주실 때에

삶은 세상 어느 것과도
비교할 수 없는 보배로운
아버지의 그 사랑으로

내 영혼 온전히 삶의
도구로 채워질 때

삶의 모든 것 될 수 있는
아버지의 사랑 물끄러미
전하렵니다

생명보다 값진 사랑

값진 사랑에 생명보다
귀중한 사랑의 큰 기쁨이
채워지는 사랑은

오늘의 작은 사랑 담아
온 세상에 골고루
나누어 줄 수만 있다면

받은 사랑의 기쁨도
큰 사랑 담아
오늘도 골고루
나누라 하시네요

오직 생명보다 값진
그 작은 사랑을
모든 지체들에게
골고루 남겨주라 하시며

오늘도 작은 소리로 말씀하시는데
너무 둔한 이 영혼은
아버지의 작은 사랑 듣지 못함은

얼마나 죄송스러운 일들인지
아버지의 사랑 작은 사랑으로
내 영혼에 물들여질 때

오늘은 이곳 내일은 저곳으로
주님의 복음이 온전히 전해질 때까지

생명보다 값진 사랑으로
아버지 당신의 사랑으로
온전히 물들이소서

한 번의 기회를 사랑으로

또 한 번의 작은 기회와
또 한 번의 작은 사랑이
내게 작은 기쁨으로 찾아왔네

이제 이 모든 축복이
다시 나를 일으켜 줄 수 있는
기쁨으로 채워질 때

내게 작은 사랑은
나보다 작은 자들에게
나누라고 말씀하실 텐데

오직 그분을 매일 매일
따라가겠노라고
스스로 자부하지만

늘 내 삶에 찾아오는
시험과 역경을 만나면
그것을 기쁨으로 온전히 받아들이는지

주님은 오늘도 고통 뒤에는 반드시
그 안에 감춰진 보화가 있다고 말씀하시는데
귀가 어둡고 눈이 어두운 내 작은 모습은
주님의 그 음성 듣지 못하여
아직 내 속에 내가 너무도 많아

오, 주님! 당신의 피 묻은 손길로
내 영혼 온전히 어루만져 주소서

제2부

날 향한 사랑

영혼의 사닥다리 밟으며

영혼의 사랑을
찾을 수 있는
그 기쁜 사랑의
모습을 찾는 일에

오늘 그리고 내일의
참모습 속에
아버지의 사랑을
찾았을 그날에는

아버지의 사랑 안에
그 밝은 빛을
찾았을 그날에는

아버지께서 예비하신
사닥다리를 밟으며
올라갈 즈음에야

나의 모든 죄악을
당신의 십자가 앞에
내려놓을 그 순간에

아버지의 영광을 찾았을 그 때
나의 모든 것 그분의 영광 앞에서는
아무것도 아님을 알았을 그 즈음에는

오직 아버지의 영광을
내게 부어 주심을 알게 될 즈음에
황금 길을 거닐며 천국 문 앞까지
구름에 걸린 사닥다리 밟으며

아버지 그 품에 안길 때에는
세상의 모든 것 내게 아무것도 아닌
배설물로 여겨질 그날에는

오직 아버지의 사랑밖에 없음을
주님의 영혼 안에 아버지의 기쁜
사닥다리를 밟으며 나아가는

그런 제자의 삶을 살 수 있도록
오, 주님! 당신의 사랑으로
온전히 채워 주옵소서

가슴앓이의 사랑

내어주기까지 한 영혼을 아낌없이
사랑하신 당신의 사랑 앞에
모든 것 간절히 내려놓습니다

당신이 원하지 아니하신다면
지금 가는 이 길은
헛된 것임을 알게 될 즈음에

오직 사랑의 가슴앓이를
하실 터인데 내 영혼 주님의
그 중심에 가야 할 수 밖에 없는

오직 그 숨결을 알기에
그 자비로운 기쁨의 사랑 안에
오늘도 한걸음 또 한걸음 찾아갈 즈음에

당신의 사랑의 가슴속에 깊이 젖어
오늘은 이곳 내일은 저곳으로
아버지의 사랑을 전할 수밖에 없기에

주님의 가슴앓이의 사랑으로
내 영혼의 사랑 아버지의 사랑으로
한 획을 온전히 그을 수만 있다면
오 주님 당신의 영혼 안에
제 영혼이 마음껏
항해할 수 있도록

주님의 가슴앓이의 사랑으로
제 영혼 마음껏 항해할 수 있는
삶으로 온전히 당신의 사랑으로
은밀히 덮어 주소서

감당해야 하는 사명

메마른 곳 주님이 함께하시네
오직 나의 모든 것을 주님은
오늘도 서라 말씀하시는데

부족한 나의 영혼
주님의 발자취를 따라가기에는
한없이 부족함에도 불구하고

주님은 오늘도 사명을
감당하라 말씀하시네

오직 나의 삶
조금씩 다가서기에는
늘 부족하지만

주님의 사랑받으며
오늘도 주님의 그 기쁨
채울 수만 있다면

나의 영혼 주님의 사명에
감동이 되어 그분의 숨소리

내 삶 저 깊은 곳까지
오, 주님 오늘도
주님의 사랑에 물들도록
이 영혼을 주님의 오른손으로
붙들어 주소서

마음으로 하나되는 사랑

오늘의 채워지는 한 마음은
값진 사랑으로 온전히
채울 수밖에 없음을 알면서도

주님이 함께하시기에
내 영혼 오늘도 감당하라고
은연중에 말씀하시네

주님께 한마디 들으며
나아가야 하는 이 못난 자아가
언제나 커다란 짐이 되어

주님께 마음으로 하나되어 달라며
부르짖는 간구함에 오 주님 당신밖에
제 영혼을 간구할 수 없음을

제 삶에 주님께 온전한 마음으로
온전히 무릎 꿇으며 아버지의 크신 사랑
오늘도 부어주소서 온전히 간구할 때

오 주님 당신의 보배로운 사랑으로
제 영혼에 단 한 번의 사랑으로
주님 당신이 원하시는 부분까지
제 영혼 말없이 당신께 다가갈 수 있도록

오 주님 늘 당신밖에 없음을
주님의 큰 기쁨으로 남게 될 즈음에
오 주님 작은 흔적으로 주인 삼아 주소서

남은 삶에 감사하는 삶

주님이 원하시기에
오직 남은 나의 피조물에
감사해야 하는 삶의 그 향기로
물들었네

남은 나의 삶은 그분이 먼저
나보다 앞서가시기에 따라갈 수밖에 없는
이 삶은 감사해야 하는 삶으로

오늘은 이곳 내일은 저곳으로
아버지 마음으로 전하라 하시네

전해야 할 수밖에 없기에
남은 삶에 오직 큰 감사로
물들어야 함에도

아버지 먼저 아시기에
아버지 따라가야 하기에
그 피조물을 부인할 수 없었기에

아버지께서 감사해야 할 조건들을
내 삶에 부어주심에도 불구하고
감사하지 못함은 내 안에 내가 너무 많기에
그럼에도 불구하고 주님은 오늘도
감사하라 하시네

인내하신 사랑

낮은 곳에서 우리의 영혼 위에
주님은 오늘도 말없이 바라보시네요

늘 한탄하시기보다는 늘 기다리시며
오늘도 내 사랑 안에 거하길 원하시기에

주님은 오늘도 인내하시며 기다리시네요
이런 주님의 사랑 안에 갈 수밖에 없기에

오늘도 주님은 하루가 천년 같고
천년이 하루 같다며 말씀하시는데

귀가 어둡고 눈이 어두워서 듣지 못하는 이 죄인을
주님은 오늘도 인내하신 사랑 생각한다면
그 분 앞에 눈물밖에 없기에

주님 앞에 내 잘못을
온전히 시인하며
오 주님 이 죄인을 용서하옵소서

하나님의 말씀

하나님의 말씀에는
생각하지 못했던
많은 보화가 숨겨있네

말씀 속에 견인하여
숨겨진 보화를 찾으며
주님을 조금 더 알아가기에
너무나도 소중하게 느껴지는 삶

하나님의 말씀에는
지체들을 변화시키는
소중한 비밀이 숨겨있네

말씀을 묵상하며
말씀 속에서 또 그에게
말씀하시는 기쁨을 알아가기에
오늘을 내려놓음은

하나님의 말씀에는
내려놓게 하는
소중함으로 채울 수 있는

기쁨이 숨겨있네
하나님의 말씀에는
온전히 간증하게 할 수 있는
온전한 사랑과 기쁨으로
수북이 쌓여있어

온전히 순간순간
수북이 감동 안에
기적이 쌓여있네

날 향한 사랑

날 향한 사랑
주님의 그 사랑으로
나의 삶 속 깊은 곳에

어느 하나 주님의 사랑
흔적 없는 곳
아무것도 없기에

오직 그 사랑
날 향한 사랑으로

말없이 채워지는 그날에
오직 아버지의
온전하신 사랑으로

오늘도 그리고 내일도
말없이 채워질 그날에

오 주님 주님의 사랑
날 향한 기쁨으로 온전히
채워주옵소서

채울 수 없는 사랑

채울 수 없는 사랑에
오늘의 큰 사랑 되어
이곳저곳으로
당신의 사랑 채울 수 있기에

삶의 작은 사랑 되어
내일의 작은 사랑으로
주님이 걸어가신 그 길에
나의 길 모두 맡겨 버린
주님이 원하시는 그날에는

나의 삶을 채우는 일보다
당신의 사랑 채울 수밖에 없는
주님의 사랑으로 삶으로 물들여
당신이 원하시는 그날에
오직 삶의 큰 사랑 되어

오늘의 작은 사랑 내일의 큰 기쁨
오직 당신이 원하시는 그 사랑으로
영원히 채워지는 기쁨과 사랑으로
오직 당신의 한 사랑으로 물들여 주소서

약속으로 이룬 사랑

내 모습 지금 사랑의 모습을
약속으로 이루어져 온전히
찾아 갈 수밖에 없는 사랑으로

큰 사랑 작은 사랑
오직 아버지의 작은 사랑으로
온전히 이루어질 수 있는

아버지의 작은 사랑 안에
오늘도 약속으로 채울 수 있는
그 기쁨의 시간들을

내 모든 사랑 아버지의 큰 기쁨
온전히 채울 수 있는 그날에는
내 모든 것 내려놓을 때에

아버지 그 온전하신 사랑 안에
나의 작은 사랑 큰 사랑되어
아버지의 약속을 채울 수 있는 그날에

오직 약속으로 이룬 사랑
아버지의 작은 사랑을 항해할 수 있는
그런 작은 기쁨으로
내 모든 것 아버지 당신의 기쁨으로

온전히 채울 수 있도록 나의 모든 것
주님의 사랑으로 채워주소서

당신을 섬길래요

이른 아침 눈을 일으켜
당신의 손을 잡고
온전히 진하게 눈물로
기도할 수만 있다면

주님이 주신
그 사랑 안에서
하나된 사랑을 위해

늦은 저녁에도
당신과 온전히 진하게
기도할 수만 있다면

주님이 주신 사랑 안에서
하나된 당신을 위해
아버지의 그 섬김으로
서로를 향한 사랑으로 가겠어요

나 당신을
주님의 그 사랑으로
온전히 섬길게요

내가 주님을 온전히 섬기듯이
나 당신을 사랑할게요
주님이 나를
온전하신 그 사랑으로
진하게 섬겨 주듯이

오직 당신의 사랑으로
내 모든 것 온전히
채우는 그날까지

주님이 진하게 사랑하듯이
사랑으로 채울게요

하나가 된 사랑

기억하나요
우리가 걷던 그 길을
그때는 알지 못했죠
이렇게 하나가 될 줄

처음 만나는 이 길 위에
이렇게 변했죠

모든 것 아름답게
당신의 마음에 온전히 새겨진
아름다운 모습에
이제 어렴풋이 생각이 나네요

오늘의 사랑을 위해
흘렸던 모든 눈물이
내 작은 사랑을
자라게 했어요

사랑해요 그대를
내게 어떤 아픔이
찾아오더라도

언제나 그대 곁에서
내가 더 사랑할게요

그대를 위해
늘 기도하며
사모했어요

항상 손 내밀어 했던 말
이제 모두 말하고 싶어요
당신이 내게 했던 소중한 사랑으로
"사랑해" 하며 했던 모든 일들이

당신의 사랑 안에
하나될 수 있는
그 사랑으로 내 마음에
작은 사랑으로

오직 하나가 될 수 있는 사랑 안에
온전히 채워지도록
오늘도 하나될 수 있도록
진하게 사랑할게요

소중한 사랑으로

주님 원하시는 그곳에
저를 당신의 사랑으로
보내주소서

모든 것 당신의 사랑 앞에
온전히 나설 때에 나의 모든 것

아버지의 그 사랑 앞에서는
작은 사랑되어 기쁨으로 쓰임 받을 때에

오직 당신의 그 사랑 소중한 사랑으로
오늘은 이곳 내일은 저곳으로

아버지 다시 오실 그날까지
온전히 채워질 수만 있다면
오늘 나의 삶이 다한다 해도
오직 아버지께 소중함으로

기억되어질 수만 있다면
드려지는 찬양 드려지는 경배

오직 당신의 소중함으로
오늘을 채울 수 있는
소중한 사랑으로 온전히
주님이 원하시는 날까지
오 주님 당신의 사랑으로 채워주소서

무거운 내 짐을

나 홀로 지게 되는
무거운 짐을 주님은 오늘도
내려놓으라 하시네

주님의 한량없는 사랑으로
오늘의 무거운 짐을 내 대신
주님이 지고 가실 때에

나의 모든 걱정 근심
주님의 십자가 뒤에
감추어 버린 채

삶에 큰 기쁨으로
온전히 채워질 때에

내 모든 죄
주님이 대신 구속하여
오직 아버지의 큰 사랑으로
오늘도 말없이 채워질 즈음에

아버지 오늘도 내려놓으라 하시며

내 모든 짐을 대가 없이 지불하여
오늘도 말없이 채워지는 아버지의
크신 사랑으로 나의 무거운 짐을
당신 앞에 읊조리네요

오 주님 당신의 사랑으로 온전히 채워주소서

다가오신 그 분

나의 모든 죄
나의 허물들을
자기 몸 깨뜨리시며

하염없이 사랑 때문에
물과 피를 흘리시던
그 모습을 생각한다면

주님의 보혈 온전하신 사랑의
그 보배를 큰 기쁨으로
채울 수만 있기에

나의 삶 온전히
그분께 갈수만 있다면
지금 숨이 멎는다 하여도
아무 상관없네

오직 나의 단 한 가지 소원은
나에게 사랑으로 다가오신
그 큰 사랑의 작은 삶으로
채울 수 있는 사랑되어

작은 삶으로 온전히
채울 수만 있다면
높이 뛰며 그분께
온전히 날아가기 원해

오늘도 그분을 온전히
삶에 공감하는 일은
멈출 수 없는 큰 사랑되어

늘 그때 나에게 다가오신
그분의 작은 사랑을 채울 수 있는
사랑되어 온전히 채우리

세상의 그 무엇이

어떠한 것도 내 삶을
채울 수 있는 것 하나 없네

오직 아버지의 사랑밖에 없기에
아버지의 사랑을 생각하면
늘 내게 잘못된 일들밖에
떠오르는 것 없어

아버지는 오늘도 당신 곁으로
손짓하시는데
아직 내 안에 내가 너무도 많아
아버지께 다가갈 수 없는 삶들이
죄송한 것뿐임을 오늘도 고백되어지네

아버지 안에 늘 살면서
어떠한 것이 나를 유혹해도
내 삶을 채울 수 없는 일 되어
세상에서 칭찬받는 삶보다는

오직 아버지의 사랑 안에 칭찬받는 삶으로
물들여지길 소망하려네

모든 허물을 이겨낸 사랑

아버지께서 창조하신
저 바다 밑의 큰 태양이
오늘도 말없이 움츠리네요

주님의 사랑 아니면
세상을 비추는 태양도
아무것도 아닌 것 될 터인데

우리의 삶 모든 것
그분 앞에서는 태양 아래 있는
조그마한 흔적이 될 터인데

무엇이 그렇게 좋아서 주님을
멀리하는지 아버지 앞에서면
아무것도 아닌 작은 밀알일 터인데

세상의 아무리 좋은 것 가진들
주님이 오늘에라도 부르시면
가야 할 존재인데

아직 내 안에 내가 너무 많기에
주님 앞에서 내 자신이 얼마나
부족하고 흠이 많은 존재인지
아버지 당신의 사랑으로
모든 허물을 덮어 주소서

내 죄 때문에

아무 말 없이
나의 죄 때문에
오늘도 십자가 앞에서
제 이름을 부르시네요

사랑하는 자여
네 영혼이 잘 되길
내가 늘 네 영혼에
축복을 부었노라
말씀하시며 주님은
흐뭇해하시네요

주님 주님 하며 그의
발걸음 따라가겠다며
눈물을 머물며
흐느끼는 울음을 머금고
울고 또 울고 또 울며

아버지와 동행하며
가시밭길을 따라가겠다며
어린아이처럼

투정을 부렸건만
주님은 말없이
흐뭇해하시네요

이미 주님은 아셨어요.
그 길은 말없이 홀로 짊어지고
걸어가야 한다는 사실을요

그 길은 당신의
물과 피를 통해
이 세상의 모든 죄악과
주님이 원하시는 뜻을
이루시기를 원하셨기에

그것이 아버지의 뜻이라며
주님은 함께 동행하는 일들을
원하지 않으셨어요

내가 걸어가야 할 길이라며
발걸음을 함께 동행하지 않으시며
오직 당신이 짊어지고
가야 할 길이라며

고통의 길을 걸어가야 한다고 하셨어요
하지만 주님 이것은 아니잖아요

이 모든 죄 모든 허물들
제가 짊어져야 하잖아요
그곳까지 너무 힘들잖아요 주님

어서 내려오세요
주님께서 고통의 길을
걸어가시는 모습은

너무 힘이 들어서
주님을 온전히
바라볼 수가 없잖아요 주님

나의 모든 죄를
아무 말 없이 짊어지신 주님은
아무 말 없이
골고다의 언덕을 올라가셨어요

마지막에 다 이루었다며
물과 피를 쏟으시는 모습을
말없이 눈물로 바라볼 수밖에 없었지만

주님은 마지막에 하신
약속을 꼭 지켜주시겠다며
당신의 오른손을
십자가 위에서 벌리셨어요

머리에는 가시면류관
양손에는 못 박힌 손

고통하시는 모습
말없이 바라보며
아버지 이것이
당신의 뜻이었나요

여쭈었지만 주님은 말없이
고개를 떨어뜨리셨어요

마지막으로
피 한방울 보이시며
다 이루었다 하시며

오늘도 아버지께로
돌아오기만을 원하시네요

주님 이것이었었나요
주님께 마지못해
여쭈어보았지만
주님은 여전히
말씀이 없으시네요

오직 당신이 계획하신 일들

그저 바라만 보고 있으라며
말없이 손짓하시는데

내 영혼 주님의
그 온전하신 사랑
깨닫지 못해 주님께
온전히 올려드리며

"아버지 오늘은 응답해 주세요"

울고 또 울며
아버지께 애원했지만
주님은 늘 말씀이 없으시네요

늘 말씀으로 보여주시며 기다리라며
인내의 사랑 보여주시며
끝까지 기다려주시는 그 사랑

"당신의 사랑 제가 어찌
바라볼 수 있나요"
그저 아무 말없이
당신의 사랑 보여 주신다며
끝까지 인내를 보여주신 그 사랑

"아버지 그 사랑 제가 받기에는
정말 너무 크기에
이 큰 축복 어떻게 해요"

하지만 주님은 아무것도 아니라며
제 마음에 작은 사랑으로
물들여 말없이
당신의 사랑으로 채워주시네요
주님 사랑합니다
이 말밖에 드릴 것 없네요

제3부

치유의 기쁨

울고 또 울었지만

주님의 길 걸으며
늘 울고 또 울었지만

그 사랑 앞에서는
빛 앞에서 작은 양초이었기에

어두운 곳에서는 내가 행한 모든 일
조금 밝게 보일지 모르지만

아버지 사랑 앞에서 눈물로 보니
내가 행한 일은
빛 앞에서 작은 양초이었기에

새벽녘에 그 사랑 생각하며
새벽 무릎에서 찬 눈물 흘리며

아버지의 사랑 채울 때까지
하염없이 울고 또 울었지만
주님 앞에서 얼마나 부끄러운 존재인지

이제야 제가 얼마나 주님 앞에서
흠이 많은 존재인지 늘 눈물을 통해
주님께서 느끼도록 알려주시네요
이제는 울지 말라며 주님께서
보혈의 손으로 제 눈물 닦아주시지만

그 사랑 제 안에 큰 보혈의 기쁨으로
오늘도 제 마음을 진하게 보여주시지만

아버지 당신의 사랑을 채우려면
주님이 주신 그 눈물로 채울 수밖에 없는

그런 작은 존재함으로 한 획을 할 수만 있다면
주님 저의 눈물 아무것 아니에요
온전히 울고 또 울며 주님의 사랑
조금만이라도 채울 수 있다면
아버지 당신의 작은 눈물로
제 영혼 온전히 채워주소서

치유의 여정

늘 말씀하시네요

영혼의 빈자리 채우라며
귓가에 속삭이시며

당신의 작은 사랑
채워주라는 음성

온전한 사랑으로
내 영혼을
울리시는 사랑되어

아버지 늘 빈자리
채워야 한다며
작은 음성으로 애원하시네요

채우기만 한다면 그 다음은
주님이 치유해 주신다며
늘 약속하시며

당신의 큰 빛을 소유한 자들에게
새벽잠을 일으켜 주신 주님
당신의 사랑 전한다면
하늘의 상급이 생각할 수 없을 만큼의
큰 기쁨으로 채워 주신다고 약속하시며

오늘도 그리고 내일도
온전히 복음으로
전하라 하시네요

오 주님 당신의 그 사랑
변하지 않도록 섬길게요
주님 사랑합니다
이 고백밖에 드릴 것 없네요 주님

치유의 기쁨

치유를 얻지 못한 자에게
말없이 찾아오신 주님
입술을 맞추셨네

오직 치유의 손길을
말없이 내밀어 주시겠다며
새벽녘 넌지시 말씀하시네

당신의 사랑으로 감싸주시며
따뜻한 음성으로 말씀하시네

오직 기쁨과 사랑 간직되어질
작은 소망으로 찾아주시겠다
말씀하시며 눈부신 햇살 안으시며
내게 치유의 손길로 말씀하시네

오직 당신의 사랑으로만
채워질 온전하신 사랑으로
내 영혼 위에 채워지는 기쁨으로
아버지 큰 사랑으로만
내게 기름 부어 주소서

당신의 사랑이

오직 그 사랑 아니라면
오늘을 살아가는 이유도
아무것도 아닌 존재가 되어

삶의 오직 그 하나를
주님의 사랑 안에
온전히 채울 수 없다면

나의 영혼 아무것도
아닌 존재되어
삶의 그 하나 오직 신실하신 사랑으로
오직 주님이 원하시는 사랑으로
말없이 채워질 즈음에

세상이 원하는 작은 존재가 아닌
오직 아버지께서
온전히 원하시는 존재가 되어

오직 세상이 감당할 수 없는
그 사랑으로 아버지 당신의 흔적을
제 영혼 위에 온전히 채워주소서

이름을 받기엔

주님을 아버지라 온전히
대답할 수 있는 사랑은
그 받은 사랑이 너무 크기에

한량없는 당신의 그 사랑의
존재함이 내 영혼 한구석
작은 사랑으로 물들여졌기에

온전히 그 사랑을 바라볼 수 있는 이유도
아버지의 사랑 아니라면 아무것도 아니기에

그 신실하신 사랑은 아버지의 작은 사랑으로
온전히 물들여질 즈음에는
아버지 날 오라 손짓하시네

소중한 감동

작은 눈동자를 보며
그 진실함을
알았습니다

늘 말하지 않아도
진실의 작은
공감대를 쌓으며

신뢰할 수 있는
작은 이유는

서로 통하는
작은 사랑이
싹트기에

새벽마다 고백 드리는
작은 감동의 이야기도

아련한 소중함으로
아름답게 물들여져

온전히 북돋을 수 있는
작은 그 사랑으로
큰 사랑 작은 감동으로
마음을 담아
말없이 전합니다

공감대의 작은 사랑

공감대를 형성하기에
반드시 희생이 따르기에

하지만 한번 돈독하게 맺은
이 공감대에는 아무도 쉽게
허물 수 없는 벗이 되어

늘 서로 공감해 주며
신뢰를 쌓아가는 일은
작은 기쁨이 되어 주는 일이기에

작은 기쁨으로 공감대 쌓으며
서로를 격려하며
큰 기쁨이 쌓여진 후에

늘 서로를 배려해 주는
그 작은 기쁨으로

온전히 공감대의 사랑으로
내 작은 사랑의 기쁨을
온전히 공감하며 전하렵니다

소중한 친구

오랜 만에 펜을 들어
소중한 친구에게
작은 편지를 씁니다

늘 곁에 있지는 않지만
마음만은 곁에 있기에

항상 지켜봐 주는
소중한 친구에게
서로에게 익숙해져서
그 소중함을 잠시
잊고 있었기에

미안하다고 사과하는 일은
늘 그럼에도 나에게는
든든한 친구가 되어 주어서 고맙다고
서로에게 격려해 주는 돕는 배필이었기에

언제까지나 서로를 생각하며 공감해 주는
늘 함께 지내고 싶을 만큼 소중하다며

알면서도 늘 쉽게 할 수 없는
그런 이야기들과 추억을 가득 담아
소중한 친구에게 이 사랑을 전합니다

눈을 바라보며

눈을 바라보면
그 작은 기쁨을
품을 수 있기에

속일 수 없는
눈을 바라보며
공감할 수 있는 이유는
눈은 거짓말을
할 수 없기에

늘 두 눈을 바라보며
서로 공감대를 만들 수 있는
작은 샘의 흐르는 물이
살며시 이야기하듯

늘 순결한 신부 되어
눈을 바라보며 말하듯
늘 아버지의 눈을 닮아가도록
작은 영혼 되어 흘러가리

주님 앞에 무엇을 바치리

주님 앞에 설 때
심판대 앞에서
주님이 내게 물으셨네

나를 위해 얼마나
선한 싸움 했느냐 하시며
주님은 내게 물으셨네

주님께 말할 수 없이
잘못만 한 것밖에
생각나지 않기에

늘 죄인 된 모습으로
주님께 다가설 수밖에 없는
그런 내 모습이었기에

늘 공수로 주님께 드리지는 않았는지
작은 내 모습 돌아볼 때에
나 주님 앞에 무엇을 바치리

그 후로 오직

그 후로 오직
새봄의 향기가
내 마음을 적시고

저 하늘 위에
따스한 햇살이
주 은혜만 못하리

영원히 주님만이
알아 주신다면
오직 따스함으로
아버지 영광에
그 사랑 하나만
온전할 수만 있다면

내 모든 것 아버지의
그 사랑으로

온전히 헤아릴 수 있는
보배로운 사랑으로
온전히 삶에 늘 고백할 수 있는

그 사랑하심의 큰 의미를 두어
오직 아버지의 그 사랑하심의
큰 축복만이 온전히 거하길
아름답게 남기리

오직 사랑하심

내 모든 사랑이 끊어졌다 하여도
내 모든 계획이 무너졌다 하여도

슬픔과 고통이 나의 앞에서
나를 기다린다 하여도

주님 말씀 안에
온전히 거할 수만 있다면

오직 그 사랑 하나만을
온전히 붙잡으며

내 영혼 하나 그 숨결로
사랑하심 그 하나만으로

주님 안에 거하며
소망으로 채우리

나를 위해 하지 말고

나를 위해 무엇인가를
하지 말고 오직 거하라
그리하면 족하다고
말씀하신 주님

곧 나를 믿는 일들이
하나님을 믿는 것이라고
말씀하신 그 주님의 그 사랑
그 하나만이 존재한 사랑이기에

나를 떠나서는
너희는 아무것도
할 수 없다고 말씀하시며

오직 그 순수한 사랑 하나로
거하기만을 원하신 주님

오직 십자가의 그 사랑이기에
그 사랑하심 때문에

오늘을 살아갈 수 있다고

고백 받으시기에
합당하신 사랑의 주님

그 사랑하심 그 하나 때문에
오직 주님 품안에
온전히 거하길 소망하며 거하리

마지막 그때

마지막 그때에
주님 온전히
내려놓기만을
간절히 원하셨습니다

자비로운 그 사랑
온전히 내 마음 한 구석에
여전히 머물러 있기에
큰 사랑임을 알기에

온전히 내 안에
머물러야할
작은 사랑되어

아버지 온전히 마지막 때에
다시 오신다고 하셨기에
그 사랑 온전히 사랑해야 할 까닭은
온전히 대가없이 주셨기에

오직 마지막 때에
주님의 그 사랑

신실하심으로
온전히 거하는
복된 삶이 되시길
간절히 전하며 거하리

주님께 찬양함은

온전히 찬양함은
나의 모든 것
신뢰할 수밖에 없는
작은 사랑되어

오직 그 사랑
내 모든 것을 드려도
주님은 늘 중심을
보신다고 하시기에

주님께 온전히
찬양의 제사를
드려야 함은

마땅히 받으셔야 하시기에
주님께 늘 확정된 사랑으로

온전히 찬양함은
주님이 주신 도구로
모든 것 합당하게 사용하여
주님 앞에서 수고했다 칭찬받을 그때에

세상의 모든 걱정들 모두 잊어버린 채
오직 주님뿐이었다며
주님 앞에 온전히 다가감으로

그 풍성하신 사랑 찬양하여
내 모든 삶 온전히 채우리

내 마음을 아신다

선하신 그 사랑
온전히 나의 마음을
아신다고 하시기에

그 자비로운 사랑에
감사함을 온전히 드리며
찬양으로 물들여야 함은

오직 주님
중심을 보시기에

늘 나보다 먼저 앞서 가신
그분의 사랑 때문에

주님의 그 손목을 잡고
주님 안에 온전히 거하며

그 사랑을 알아갈 때
주님 나를 보내신
이유였다고 말씀하시며

내 작은 선행을 드림도
주님은 기쁨으로
받으신다고 하시기에

늘 주님께 마음을 헌신하고
사랑하심의 중심을
온전히 드릴 때

아버지의 마음에 다가갈 때
내 영혼의 측은히 알아갈 즈음에

아버지 작은 이 영혼의 마음을
주님의 자비로운 손으로 덮어주소서

찬양 받으실 주님

온전히 그 사랑
찬양받으시기에
합당하신 그 이름

늘 흠 없고 순결한
그 사랑 앞에
내 모든 것 드리기에는
너무 작아

온전히 드리기에는
주님 늘
부족하시다고 하시며
오직 중심 드리기를
원하셨던 주님

늘 찬양으로 때로는 섬김으로
온전히 주님 앞에 드릴 때에

아버지 그 작은 사랑으로
받으셨다 하시며

늘 내 모든 것
드리기를 원하셨던 주님

온전히 드릴 때에
주님 차곡차곡
채워 주신다고 하시기에

그 작은 사랑 찬양으로 온전히 드릴 때
아버지 온전히 영혼으로 채워 주소서

이 땅에 부흥을

주님 온전히 이 땅에
부흥이 있기를 원하셨네

오직 삶의 부흥이 있기를 원하시기에
오직 이 땅의 교회 위에 가정과 직장에

더 나아가 북한에도
유럽 전 지역에
이슬람권과 아프리카에도
그리고 아시아 전 지역에

아버지 그 사랑의 부흥만이
온 세상에 승리의 함성으로
가득히 임할 때에

온전히 물이 바다 덮음같이
여호와의 영광이 온 세상에
가득하길 원하셨던 주님

그 사랑이 온 세상에
가득 임할 때에

주님 너희를 보내신
하나의 이유였다고
그때에 작은 음성으로
영혼 위에 말씀하시기에

아버지의 그 사랑 받으며

이 땅 전 지역에
아버지의 부흥이
일어나길 원하시기에

그 사랑 주님의
사랑으로 온전히 채워주소서

때가 차매

때가 차매
주님 앞에 온전히
신실하신 영광만을
진실로 드리기를 원하시기에

그 영광 주님
온전히 받으실 그 때에
온전히 너희를 사랑하셨다고
주님 말씀하실 때에

내 영혼 그분 앞에서
하염없이 눈물만 흘리며
주님 당신뿐이었다며
고백 드리는 일들을

주님은 늘 원하셨기에
이제 당신 곁으로
다가감으로

주님은 이것이
당신의 뜻이었다 하시며

주님 내 영혼 위에
당신의 그 사랑 쏟아 부으시며
수고했다고 말씀하시는
그 사랑은 아무것도 그것에
비교할 수 없는 사랑 되어

아버지의 그 사랑으로
영광의 그 날이
삶에 이루어지길
다시 한 번 그려봅니다

영광의 기쁨을 보이소서

내 모든 소망이
끊어졌다 하여도
내 모든 기쁨이
사라졌다 하여도

내 모든 계획이
무너졌다 하여도
사랑과 고통 앞에서
나를 온전히 기다려 주시는

그 사랑 앞에서
나를 온전히
기다려 주시는
그 사랑 때문에

주님이 영광의
기쁨을 보여 주신다는
그 약속 때문에

내 모든 것을
포기하려 할 때

주님이 늘
사랑하신다는
그 확신 때문에

오직 포기할 수 없기에
이 길을 사랑 때문에
걸어가야 할 때

주님 늘 말없이
내 길을 예비해 주시기에

때로는 원하지 않는 일들
찾아온다 할지라도

마지막에 주님이
늘 나와 함께하신다는
그 음성을 들을 때이면

아버지 당신의 사랑뿐이었다며
내 모든 것 내어놓고

주님께 온전히 눈물 뿌리며
그 사랑 닮아가게 해달라며
모든 것 온전히
주님 닮아 갈 수만 있다면

나의 자아를 모두 내려놓고
주님을 따가겠다며 고백했던
베드로의 고백처럼
주님 영광의 그 음성을
내게 기울이소서

가득히 넘치는 기쁨

가득히 넘치는
기쁨의 그 소중함은
내게 작은 축복으로 채워지기에
소중함을 알았습니다

가슴 깊이 채워지는
그 사랑 때문에
온전히 그 순간을
말없이 가야함에도

아버지의 명령하심에
순종해야 하기에
그 순종함으로
가슴속 깊이 채워지는 사랑은

말할 수 없는 축복으로 채워져
그 기쁨의 소중함은
내 안의 기쁨으로 넘쳐옴은

그 소중함의 축복으로
가득 채워져 아버지의 사랑 온전히 전하리

아버지의 그 기쁨으로 채워지는 사랑

아버지의 사랑하심은
내게 이 땅의 채워지는 기쁨으로
가득 채워져

당신의 그 기쁨은
늘 중심을 보시기에

그 중심을 불꽃같은 눈으로 보시는
사랑으로 내 영혼 안에 온전히
당신의 사랑으로 전하리

제4부

내가 죽어야 하는 삶

그의 모습은 사랑이었기에

그의 모습은
영원히 주시는
그 사랑이었기에

당신의 그 사랑은
늘 내 안에 작은 음성으로
들려주시기에

늘 나를 부인하고 당신의
사랑으로 채워지는 의미는
이미 보여주신 사랑 때문이었다며

내게 작은 음성으로 들려주시는데
눈이 어둡고 귀가 어두워서
그 소중함 듣지 못함은
내 안에 내가 너무 많기에

오늘도 자아를 깨뜨려
아버지의 그 사랑하심 온전히 드림도
내게 채워지는 당신의 그 사랑 때문에
오늘도 내 모든 것 당신께 온전히 전하리

온전히 전하는 사랑 전함은

물밀듯 넘치는 그 사랑
아낌없이 전함은
주님이 주신 또 하나의 사랑이었기에

말할 수 없는 그 사랑을
차곡차곡 쌓여질 그날에
기대하며 오늘 주어지는 삶에
당신의 그 사랑을 전하는 일은

누구보다 주님이 먼저 기억하여
주신다고 하시기에
이 일은 주님과 함께 그 안에 들어가

그 사랑을 전하는 일들에
인색함으로 드려지기보다는
받았기에 그 사랑 전해야 함은
내게 또 하나의 사랑으로
골고루 채워지는 일이기에

오늘도 넘치는 그 사랑
말없이 온 세상에 전하리

주님 안에 거할 수만 있다면

주님의 그 사랑 안에
내 영혼 온전히
거할 수만 있다면

오늘 숨이 멎는다고 하여도
당신 곁으로 가야 하는
밝은 영혼으로 만나 뵐 때에야

세상에서 크게
사용되었던 물질도

주님 앞에 접어드니
내게 아무것도 아니었다며
당신께 진한 고백 드림도

온전히 그 안에
거해야 함은
작은 존재이기에

주님 온전히 당신 앞에
깨끗한 영으로 삼아 주소서

주는 내 영혼 만지시며

볼 수 없는 상처
어루만지시는
그 분의 사랑을
생각하면

내 마음 한구석에
당신의 그 사랑이
온전히 남아있기에

그 작은 사랑 때문에
오늘 내가 여기에 있고

내일 당신이 그곳에
있을 것입니다

그곳에 주님께서
천국 문을 열어주시며

세상에서 수고 많았다며
내 모습을
주님의 따뜻한

거룩한 손으로
어루만져 주실 때에

세상의 힘들었던 모든 일들
모두 잊어버린 채
주님이 영혼을 어루만져 주시며

당신의 그 거룩한 그곳으로
내 영혼을 예비하시네

기도하는 삶의 힘

당신의 삶의 어려움
찾아온다 할지라도
기도하세요 지금
아직 포기할 때가 아니에요
주님 앞에 겸손히 무릎 꿇고
간절하게 기도해 보세요

내 앞길 가로막는
장애물이 찾아온다 하여도
하늘이 무너져도
믿음을 가지세요
걱정 마세요
돌아서지 마세요

슬픔도 고통도
눈물어린 괴로움도
기도함으로 이겨낼 수
있잖아요
눈물로 기도하세요
주님은 당신 편이세요

내가 죽어야 하는 삶

삶의 내가 완전히 죽어야
주님 늘 곁에서
일하신다고 하시기에

그 소망을 가슴에 품고
하루를 살아가야 하는 삶은
주님이 온전히 주시는 소망이기에

그 소망을 내 가슴속 깊이
당신이 채워주시는
사랑 속에 온전히 물들이며

오늘도 삶을 연장시켜 주신
그 사랑에 내 마음을 열어
아버지 당신의 뜻이
어디 있는지 알 수 없지만

늘 주님과 동행할 수 있기에
내 마음이 너무 푸근했기에
삶의 감사함일 수밖에 없었습니다

주님은 오늘도 네가 죽어야 한다며
늘 마음속에 알려주시는 그 사랑은
받은 자의 축복임을 알았기에

당신의 그 사랑이었다며
고백 드리며 삶의 하나 둘
아버지를 향한 사랑임을 알았습니다

주님 당신의 그 사랑이
온전히 채워질 그날까지
이 영혼을 당신의 피 묻은
손으로 어루만져 주소서

왕의 자녀가 되는 축복

늘 주님은 당신을
왕의 자녀로 삼아주신
그 소망의 축복을 아시나요

그 축복을 대가 없이 받았기에

때로는 당신에게 말 못할
근심이 있다 하더라도
걱정하지 마세요

주님이 늘
일하고
계시잖아요

그 기쁨 때문에
늘 불꽃같은
눈으로 눈동자같이
지켜주시는

그 사랑 때문에
오늘 당신이 있잖아요

그 기쁜 사랑의 감동을 찾아
오늘의 소중함은 당신의
축복이 쌓여있는 곳으로

늘 인도하여 주시는
그 사랑 때문에
늘 왕의 자녀가 되는
그 축복의 소중함으로
물들여지길 소망합니다

주님이 아파하시기에

주님은 당신의 행함의
안타까운 모습을 하시며
늘 마음 졸이시는
그 사실을 알고 계시나요

안타까운 그 사실을
주님은 늘 하시면서
오늘은 괜찮아지겠지

기대하시며
늘 돌아보신다고
하시네요

그 작은 사랑하심의
작은 아픔은
주님이 원하시지 않으셨지만

당신을 너무 사랑하셨기에
아파하실 수밖에 없었다는
그 사실을 알고 계시나요

아파하신다는 이유로
우리는 그분의 사랑 앞에서
부인할 수 없는 그 사랑을
대가 없이 너무 많이 받았기에

이제 그 받은 사랑을
골고루 나누어 주며
아버지의 그 사랑에
일조를 할 수 있는 복된
그 사랑의 향기가
되기를 소망합니다

주님만 사랑하는 삶

주님만 온전히 사랑할 수만 있다면
내게 가진 것이 비록 없을지라도
늘 그분이 때에 따라서 채워주시는 일은
어찌 보면 쉽지 않은 일들이지만

주님이 한번
사용하시고자 하신다면
생각하지 못했던 일들이
물밀듯 채워지기에

이 일은 주님만 온전히
따라가는 자들에게만
온전히 주어지는 축복이기에

이 일을 통해 주님이 당신을
얼마나 사랑하셨는지
다시 한 번 돌아볼 수 있는
기회가 닿아

어찌 보면 우리는 정말
주님 없이는 단 하루도 아니

단 몇 분을 살수 없는 존재가 되어
늘 아버지의 사랑하심만
온전히 채워달라며 울고 또 울었지만
주님은 늘 기다려야 하신다며

오늘도 내 영혼을 피 묻은
손으로 어루만져 주시기에
그 사랑을 조금만 헤아릴 수 있다면

우리가 살아가는 이 삶은
늘 감사해야 할 수밖에 없기에
이 일을 늘 주님의
보좌 앞에 나아가며
주님 앞에서는
아무것도 감출 것 없어

늘 온 맘 다해 사랑한다며
주님만 섬기겠노라며
온전히 나아갈 때
그분 온전히 채워주시며

아직은 너무 부족하다며
핀잔보다는 늘 인내해야 네 영혼을
살찌울 수 있다고 하시는
그 주님의 온전하신 사랑 때문에

그분의 사랑하심만 온전히
믿고 따라갈 때 주님의 그 사랑하심
내 영혼 안에 온전히 채우리

당신의 거리

어느 날 문득
당신이 내 영혼 안에
찾아오신 그 거리를 생각하며

당신이 느꼈던 지난날들의
슬픔에 느껴야 했던
모든 일들이

이제 지친 당신의
그 영광의 목소리를
온전히 들을 수만 있다면

내 작은 모습 당신이
원하시는 그 곳까지
온전히 채울 수만 있다면

당신이 이 땅에
보내신 이유였기에
늘 힘들 때마다
아바아버지 하며

그때마다 주님 내 마음
온전히 고치시고
그 사랑하심을 통해
너를 사랑한다며
힘주시는 그 사랑 때문에

온전히 볼 수 없는
그 상처 만져 주시는
당신의 그 사랑 때문에

오직 당신이 걸어오신 이 거리를
당신과 함께 그 사랑하심을 통해
다시 한 번 느껴보는
그 순결이 되길 온전히 채우리

거룩한 그 손

나 무릎 꿇고서
주께 겸손히 나가
주의 보좌 앞에
늘 엎드리네

거룩한 그 손을 만지며
나의 사랑을
온전히 드릴 때

주의 영과
그 축복으로
주님께 온전히
나아갈 때

나의 삶의 찬양이 되어질 때에
아버지 당신의 그 사랑으로
채워 주시는 일이 되어

그 사랑의 고백을 드림도
당신이 원하시는 일들이기에
그 행하시는 모든 일들의 영광이

모든 경배가 되어질 수만 있다면
아버지 당신의 영으로 이 영혼을
온전히 만지소서

지경을 넓히소서

주님이 주신 그 땅에
한 사랑을 심어 줄 수 있는
지경을 넓혀 달라며 늘 기도했기에

주님 오늘도 당신이 원하시는
그곳에 나의 영혼이
온전히 전할 수 있는
주님의 그 사랑이 되어

아버지 주님뿐이었다며
늘 고백 드리며
헌신할 때마다

주님 오늘은 이곳
내일은 저곳으로
넓혀주신 그 지경으로
아버지의 큰 뜻
온전히 전하소서

큰 사랑이 있어

오직 너희는 아버지의
그 사랑임을 전할 때에
당신이 예비하신 그곳에
큰 사랑이 있다고 하시며

오늘도 작은 입술로 온전히
전하길 원하셨습니다

때로는 그 사랑으로 인해
큰 환난과 핍박을 받으며
헌신해야 했지만

주님 늘 너그러운
눈빛으로 바라보시며
이것이 나의 계획이었다 하시며
영혼 위에 큰 보배로움을 주셨기에

그 사랑을 느낄 때마다
어려움이 찾아올지라도
당신이 원하신 그 사랑이 있었기에
헌신할 수밖에 없었습니다

이제 말없이 채워지는 아버지의 축복을
내 육이 곤고할지라도 당신의 뜻이었다며
늘 기대하며 붙잡을 수밖에 없었기에

큰 사랑을 전하며 영광 때문에
순교하는 그날까지 주님의 흔적을
온전히 남길 수만 있다면

아버지 이 영혼을
당신의 영광으로
온전히 채워주소서

주님이 원하시는 그 소리

주님이 원하시는
그 소리에 온전히
귀 기울이며

한 획을
그을 수만 있다면

늘 그 소리에
영광만을 전하며 따라가야
할 수밖에 없었기에

이제 주님의 그 소리를 들으며
당신이 원하시는 그곳까지
전할 수만 있다면

오직 당신이 원하셨기에
그 사랑 채워지는 기쁨이 되어

주님이 원하시는 그 소리의
한 획을 그을 수 있도록
사용하소서

큰 사랑을 모아

큰 사랑을 모아
그 사랑 앞에 온전히
드렸습니다

주님 늘 반갑게 받으시며
늘 중심으로 드리기를
원하셨습니다

오직 중심으로 드릴 때
네 영혼이 축복받는다고
말씀하여 주시며 당신의 하나가
되기를 간절히 원하셨습니다

주님 주님 하며
늘 드려지는 아버지의
사랑이 얼마나 큰 사랑인지
마음으로 간절히 원했습니다

이제 말없이 채워지는 그 사랑 앞에
나의 모든 것 주님의
사랑 하나만 채워달라며

늘 울고 또 울었습니다.
마지막 날 주님은 내게 찾아오셔서
사랑하는 자여 네가 슬퍼할 때
나도 함께 슬퍼했고 내가 울 때
나도 함께 울었다고 하시며

아버지 큰 사랑을 채워주시며
그 작은 기도를 온전히 받으시며
큰 사랑의 하나가 되어 주셨습니다

그 사랑 이제 아버지의 것이라고
늘 고백 드리며 당신께 큰 사랑이
되어달라며 기도할 때

아버지 큰 사랑의 소중함을
내게 부어주시며 그 사랑 안에
온전히 머물기를 간절히 원하셨기에

내 영혼 그 사랑 안에 엎드려지길 원하고
또 원하며 이제 말없이 다가오는
당신의 사랑 앞에 거하기를 원하며
그의 앞에 온전히 사용하소서

주님 당신뿐이었기에

주님 오늘도 당신뿐이었기에
나의 그 소중함이 무엇인지
알아갈 수 있어서
너무 푸근했습니다

오직 당신이 원하시는 그곳에
한걸음 또 한걸음 다가설 수 있어서
얼마나 감사하고 또 감사했는지
촉촉한 눈시울 적시며 다가설 수 있었기에
감사하고 또 감사했습니다

주님이 원하시는 일에
내 한 영혼이 다가설 수만 있다면
어느 것 하나도 탐나지 않는 기쁨이 되어
아버지의 향기가 될 수만 있었기에
얼마나 감사했는지 늘 다가설 수밖에 없는

영혼이 되어 주님만 온전히
높여드릴 수만 있다면
그것 하나로 내 영혼 감사하여
주님 온전히 사용하소서

눈물의 그 촉촉함이

눈물의 그 촉촉함이
눈가에 가득할 때마다

주님이 얼마나 사랑하셨는지
느낄 수 있었기에
흐르는 눈물이 감사했습니다

주님 늘 아버지를 위해서라면
눈물을 흘리는 일은
천국의 상급이라며

늘 감사의 눈물
흘리기를 원하셨습니다

감사의 눈물을 흘릴 때
내 영혼 앞에서
주님 동일하게
눈물 흘리시기에

그 눈물은 주님의 감사로
채울 수밖에 없었기에

늘 감사했습니다
이제 그 눈물로 아버지의 작은
사랑하심을 온전히 본받아
사랑의 눈물 그 촉촉함으로
내 영혼 간절히 주님을 맞이하리

낮은 자를 높여 주시는 사랑

주님 늘 낮은 자가 되어야 한다며
낮은 자를 온전히 높여 주시는
그 사랑을 말없이 보이셨습니다

온전히 낮은 자 될 때에야
주님! 당신이 원하시는
그 사랑으로만 사용하여 주신다고 하시며
늘 내려놓기만을 원하셨습니다

간절히 내려놓을 때
주님이 사용하시는
그 사랑은 어느 누구도
상상할 수 없는 축복이 되어

그 존귀한 사랑으로 당신의 한 사랑만
바라보기만을 간절히 원하셨기에

주님이 원하시는 그 사랑에 흠뻑 젖어
늘 낮은 자를 높여주시는 그 사랑으로
온전히 기억되어지기를 간절히 소망합니다

큰 사랑 작은 사랑은

큰 사랑 작은 사랑은
아버지께서 온전히
채워 주시는 사랑이기에

당신의 그 한량없는 사랑 때문에
내가 이곳에 서있을 수 있었습니다

그 사랑 앞에 온전히
큰 사랑 작은 감동으로
작은 사랑을 심어줄 때마다

주님께서 아낌없이 채워 주시는
사랑 때문에 채울 수 있었습니다

늘 큰 사랑으로 작은 사랑
섬겨줄 때마다 아버지께서 채워 주시는
사랑 앞에 나의 영혼 아름답게 전하리

늘 기쁨으로 하신 사랑

늘 기쁨으로 주신 사랑이
너무 커서 감사할 수밖에 없기에
그 사랑의 감사를 채우기 위함은

늘 기쁨으로 행함의 사랑은
당신을 위한 사랑이기에

오직 사랑의 한 획을 그을 수 있는
크신 사랑으로 머물 수 있는
작은 사랑의 축복을 받았기에

오직 오늘도 전해야 함은
당신이 주신 사랑이었기에

늘 기쁨으로 말없이 주신
작은 사랑의 기쁨으로
말없이 그 사랑 전하리

제5부

사랑이 기쁨 되어

기쁨을 줄 수 있는 그 한마디

기쁨을 줄 수 있는
그 한마디는
내게 큰 소중함으로
채울 수 있는

사랑으로 물들여져
큰 소중함을
알았습니다

이제 그 사랑의 소망은
아버지 당신의 신실함으로
온전히 물들여져

내 안에 작은 기쁨은
소중한 한마디로
채울 수 있기에
그 사랑 말없이 채우리

밝혀 주는 사랑

당신이 밝히
비추어 주는
그 사랑은

늘 제 마음 한 곳에
밝히 비추어 주는
작은 사랑이 되어

늘 사랑의 한 기쁨이
온전히 채워지는 그날에는
제게 큰 소중함으로 채워져

아버지의 기억되어지는
영혼으로 밝히 비추어지길
간절히 소망합니다

어떤 일이 있어도

늘 어떠한 일이 있어도
포기하지 말아야 할 이유는

늘 주님이
함께하시기 때문입니다

그 사랑 때문에 진정
삶을 새롭게 해야 할
이유들이 있기에

그 사랑을 알았기에
삶이 힘들다고 하더라도
반드시 감당해야 합니다

감당할 때 내게 찾아오는
따뜻한 감사는 내 영혼을
따뜻이 하게 됩니다

반드시 어려움이 찾아올지라도
하나님의 크신 사랑으로
감당하는 복된 삶이 되길 소망합니다

내게 주신 사랑

늘 부족한 내게
주인 삼아 주신
그 사랑이 너무 커서
오늘을 사랑할 수 있었습니다

당신의 그 사랑이 아니라면
단 하루도 그 기쁨을
알아갈 수 없기에
오직 그 사랑 때문에

오늘을 살아갈 수 있는 힘이 되어
늘 당신이 주신 그 사랑에는
세상이 주는 기쁨과는 관계없어

오직 그 사랑 안에
내 영혼이 깊은
그 사랑 안에 거하리

넘치는 사랑

주님은 늘 말씀하시네요

넘치는 그 사랑이
쏟아 부을 곳이 없는지
시험해보라고요

하지만 의심 많고
확신이 부족한 내 모습은

아직 주님의 사랑 앞에
늘 부족함이 느껴져

주님의 사랑 앞에
한걸음 또 한걸음
나아갈 때마다

주님 늘 넘치도록
채워주겠노라며
말씀하시는 데에도

늘 순종하지 못하는
저의 모습은 주님이
늘 실망하실 생각하면
부족함이 많이 느껴지기에

하지만 그럼에도 불구하고
많은 사람들 중에 너희들을
택하여 불렀다고 하시기에
그 사랑 의심할 수 없어

내 영혼 그 분 앞에서 늘
신뢰하며 나의 영혼을
주님의 넘치는 사랑으로
온전히 채워주소서

당신의 영원한 빛

여호와는
늘 당신에게
비추시며

당신에게 복을 주시기를
원하시기에

여호와는 얼굴을 비추시며
눈동자같이
보시기를 원하시기에

여호와는 삶을 돌아보시며
은혜 내려 주시기를 원하시기에
늘 평강 주시기를 원하노라

여호와는 너희에게
복을 주시고

너희를 지키시기를 원하시며
그 사랑 대가 없이
주시기를 원하노라

가로막는 장애물

당신 앞길 가로막는
장애물 있다 하여도

기도하세요 지금
아직 포기 마세요

주님 앞에 온전히
무릎 꿇고 겸손하게
기도해 보세요

당신 앞길
가로막는 장애물
있다 하여도

걱정하지 마세요
돌아서지 마세요

하늘이 무너져도
절망하지 마세요

주님 의지하세요

믿음을 가지세요
슬픔도 고통도 괴로움도
기도로 이겨낼 수 있잖아요

기도하세요. 기도하세요
주님은 당신 편이세요

시온의 향기

주님께 온전히 힘을 얻는
당신의 그 입술에는
큰 힘이 있다는

그 사실들을
알고 계시나요

지금 바로 실행되지 않더라도
당신의 그 기도를 들으신
주님이 영혼을 움직이시며
그 기도의 응답을 주시기 때문입니다

당신이 어떠한 역경을 만나더라도
주님이 시온의 대로와 같이
당신을 사용하고자 하시면
어떠한 일들이 찾아온다 할지라도

그것은 반드시 주님이
크게 사용하신다는
사실이기에
그 비밀들을 주님과 함께

걸어가는 이 길에는 반드시
큰 축복이 따라오기에

온전히 그 시온의 대로의
향기에 흠뻑 물들여지길
전하게 하소서

당신을 지으신 사랑

만세 전에 당신을 너무
사랑하셨기에 그 사랑 안에
거할 수밖에 없었기에

이제 말없이 찾아오는
그 사랑 안에 오직 지으신
그 사랑을 생각하면
당신은 너무 축복받았다는
그 기쁨을 알고 계시나요

이 일을 위해서 때로는
당신의 영혼 앞에서
늘 따스한 손길로
어루만져 주시길 원하셨기에

오직 부르신 그곳에서
주님의 그 사랑을
온전히 전할 수만 있다면

주님이 지으신 이유이셨기에
오늘도 그 사랑 말없이 전해지길
간절히 소망합니다

나의 안에 거하라

너희는 수고를 그치고
오직 나의 안에 거하라

나를 위해 무엇을
하려고 하지 말고
오직 나의 안에 거하라
그리하면 족하다

오직 있는 모습
그대로 나오면
그리하면 족하다

내가 너를
지명하여 불렀나니
너는 내 것이라
내가 너를 책임질 것이다

곧 나를 믿는 일이
하나님을 믿는 것이다

온전히 말씀하신
그 사랑이기에
새롭게 하시는 주님의
청아한 음성이
너무 간절히 또 간절히
원하는 이때에

그 사랑 들려지는
사랑이 되어

아버지 당신의
그 소망 안에
온전히 거하게 하소서

새봄의 향기

불어오는
새봄의 향기가

내 마음을
적시고

온 세상을
모두 덮어도

저 하늘 위에
따스한 햇살이

온 땅에 가득 덮어도
주 은혜만 못하리
영원히

지친 그대 곁에

지친 그대의 그 숨결에
오늘도 찾아오는 따뜻한
사랑이 있기에

늘 말없이 찾아오는
그 음성 앞에

당신이 머물러야 할
그리움으로 물들여져

아버지의 사랑하심 안에
오늘도 찾아와야 할
그리움으로 물들여져

늘 당신이 원하시는
그 섬기는 일에 충실하며
온전히 섬길 수 있는
축복의 사랑은

오직 당신이
기억하여 주신다면

지친 그대 곁에
온전히 머물러 주는
따뜻한 사랑이
있었기에

늘 말없이 그 사랑
온전히 전하며
아버지의 그 신실하신
그 사랑 아름답게 전하리

삶의 영광

내 삶의 그 영광이
삶에 가득히 온전히
머물 수만 있다면

당신의 그 기쁨은
삶의 신실하신
사랑이 되어

온전히 영광 안에
기쁨이 온전히
존재할 수만 있다면

당신의 그 헌신은
주님이 온전히
받으신다고 하시기에

그 사랑 앞에 삶의
큰 영광이 되어
당신의 사랑 온전히
닮아갈 수만 있다면

아버지의 그 사랑 안에
온전히 거하며
삶의 하나로
가득히 채워지리

아무것도 아닌 자들에게

아무것도 아닌 자들에게
생명을 불어넣어 주신
그 사랑이 너무 커서

온전히 그 사랑 앞에
큰 기쁨을 채울 수 있는 사랑이 되어

당신의 그 기쁨 하나
그리고 참소망을
간직할 수 있는 참사랑은

아버지의 사랑임을 알았기에
아버지의 그 사랑 때문에
아무것도 아닌 자들에게

큰 사랑 때문에
오늘을 살아갈 수 있는
작은 소망이 되어

그 영광 안에 온전히
거하는 사랑이 되길 간절히 그려 봅니다

일어나세요 지금

아직 앉아있다면
일어나셔요

주님이 오늘도
당신의 그 영혼 앞에서
늘 일으키시네요

당신의 그 소중함과
애원함을 주님은 너무
잘 알고 계시기에

오늘도 앉아있다면
반드시 일어나셔야 해요

사랑의 기쁨

사랑은 나누어 주면
나누어 줄수록
풍성하게 커져서

큰 기쁨이 되어
돌아오기에

큰 기쁨이 되어
삶의 하나로
채워질 즈음에는

어느 것과도
바꿀 수 없는
소중함으로 물들여져

나의 모든 것
그 사랑 안에
온전히 거하리

참 기쁨의 이유

참사랑의 큰 소망을 주는
큰 기쁨은 늘 베풀어야 하는
큰 소망이 되어줄 수 있기에

이 참된 사랑의 삶은
오직 삶의 방향성을
온전히 주관하여 주시는

아버지의 큰 소망이 있기에
당신의 그 사랑 말없이 받으며
늘 호흡하는 큰 축복은

받은 자의 감사로
나누어 줄 수 있는
사랑이 되어

오직 받은 그 사랑
당신의 한 일조를
할 수 있는 밑거름의
소유자로 삼아 주소서

나의 안에 온전한 사랑

나의 안에 온전히
거하는 그 사랑은
늘 내 안에
작은 기쁨이
되어줄 수 있기에

감사하고 또 감사하며
그 감사로 인하여
또 하나의
작은 감사가 되어

오직 사랑 안에 거하며
감사의 작은 음성을 듣기 원하여
간구하는 영혼들에게
아버지의 작은 그 사랑으로
온전히 기경하소서

상처를 만지시는 사랑

아버지 늘 볼 수 없는 상처
어루만져 주시기에 그 사랑
너무 크고 감사해서
늘 눈물을 흘릴 수밖에 없기에
아버지 늘 말씀 주시며

오늘도 전해야 네게 볼 수 없는
그 상처 내가 치유하겠노라며
말씀하시는 그 사랑 때문에

늘 볼 수 없는 그 상처
온전히 어루만져 주시는 사랑 때문에

볼 수 없는 그 상처
어루만져 주시는 사랑도
내게 받은 축복이기에

늘 당신과 함께 이 길을 걸으며
주님 안에 살아가는 이 삶이
너무 크기에 당신의 그 신실하신 사랑
온전히 전하리

남은 것에 감사

남은 것에 온전히
감사하지 못하고
늘 세상이 좋아서

조금만 더 조금만 더
내 못난 자아가 너무 많아

늘 주님께 죄인 된
삶으로 물들여져
주님 앞에서
주님 내게 칭찬보다는 핀잔하실지

주님 늘 남은 것에
감사하면 더 큰 보화로
채워 주신다고 하셨건만

영이 어둡고
눈이 어두워서
볼 수 없음은

주님이 원하시는

삶이 아닌 듯하여
내 모습 늘 주님 앞에서
얼마나 부족한 존재인지

주님은 늘 남은 삶에 감사할 때
더 큰 보화로 채워 주신다고 하셨건만
내 영혼 이 하루도
주님 앞에서 눈물만 흘리네

제6부

세월의 흔적

흔적의 가치 하나

흔적을 찾아서
은밀히 찾아온
또 하나의 가치 하나는

소중함의 여운만으로
새롭게 그 하나만의
소박함만을 다시 남겨놓은 채

기쁨의 소중함
내 안에 또 하나로
또 하나의 음성 안에

말없이 펼쳐진
흔적의 그리움만으로
새롭게 찾아온
기쁨의 향연만을
말없이 그 안에 들어가리

견인된 은하수

삶에 작은 호흡만으로
다시 견인된 은하수는
말이 없는 온유함의
흔적만을 남기며

그 안에 맴돌았던
소중한 또 하나의 기대만을

말이 없는 단 하나
희망을 담은 눈물 하나로
은밀히 견인된
눈물의 가치만을

말이 없는 찻잔에
은하수의 향기로
또 하나로 담아 보내리

또 하나의 가치

등불에 채워진 의미 하나는
잊히지 않은 기억 안에
말할 수 없는
희망의 사연을 담아
바람 속에 날려 보냄은

다시 돌아온 사연을 담아
기억 안에 맺혀진
눈물의 희망만을
또 하나의 의미만으로

다시 맺혀진 단 하나
소중함을 담은 가치로
눈물 안에 담아
작은 종이비행기에
아름답게 날려 보내리

늘 함께 가야 하는 길

세상을 살다 보면
나 혼자 할 수 없는 일이
너무 많아

때론 욕심으로 억눌린
내 모습을 보노라면
선을 행했던 일들보다는
악을 행했던 일들이 수북이 쌓여

뽀얀 창가에 앉아
생각의 상자를 뜯어
내 자신을 돌아보면
내세울 일들이 하나도 없어

오늘도 함께 가야 할 그 길을
은밀히 눈물로 가려네

가치로 채워진 삶

마음으로 하나된
동심의 소박함은
잊히지 않는
단 하나만을 내려놓고

새로움의 기쁨만을 남긴
쉼으로 들어가는
또 하나의 기쁨이었음을
마음으로 다시 다지게 됨은
삶의 새로움을 견인해야 했기에

오늘도 더 낮아지는 마음을 담아
삶의 또 하나로 다시 그 안에 담은
소박함의 여운만을 남긴
신실함의 눈물만을 채운
내 영혼의 이유만을 드리운 채

말없이 채운
단 하나의 소박함만으로
잊히지 않는 향유 안에
삶에 또 하나로 남겨 보내리

흔적을 남긴 가치

잊히지 않는
기쁨의 기억이었기에

더 이상의 소박함을 남긴
단 하나 기억 속에 머문
흔적의 의미 안에
또 하나로 새롭게 견인됨은

잊히지 않는 단 하나의 기억 속에
오늘 그리고 내일도 단 하나의
소박함만을 채운 기억만으로

새롭게 날아온
희망의 연을 담아
아름답게 날린
희망의 꼬리표를 달아

단 하나로 채워진 기쁨의 기억만으로
새롭게 채운 희망의 그리움만으로

아름다운 소박함 그 기쁨의 체온만을 담아

흔적의 기억만으로 더 가까운 의미 안에
바랄 수 없는 단 하나의 기억만을
흔적의 기억 속으로 아름답게 남겨 보내리

세월

흐르는 시냇물을
움켜잡을 수 없듯
지나가는 세월을
견인할 수 없네

때론
앞서가는 세월이
어느새 아쉬움의
흔적만을 남긴 채

조금은 천천히 갔으면 하는
아쉬움의 또 다른 흔적들이
어느새 내게 찾아오는
시간의 가치였음을 느끼기에
찾아오는 시간이 너무 아쉽기에

오랜 세월의
흔적임을 느끼기에
시간의 세월을 찾아
발자취를 찾아가려네

돌아온 가치

많은 사람들이 떠나가네
마치 계획했던 것처럼
많은 사람들이 돌아오네
마치 계획했던 것처럼

하지만 무심코 떠난 그들이
다시 돌아오네
언제 그랬냐는 것처럼

늘 많이 떠나고
많이 돌아오지만
정작 있어야 할 곳에
있지 못한다면

매일 찾아 헤매는
어린아이처럼
울부짖는 소리가
귓가에 들려올 즈음에야
늘 찾아 떠나는
어린아이의 심정으로
한 영혼을 찾으려네

세월의 흔적

작은 소박함의
흔적 안에
은밀히 견인됨은

언제나 채워야 하는
소중함의 인내함을
은연중 알았기에

오늘도
어렴풋이 생각나는
세월의 흔적 안에
아름다운 소리를 담아

은밀히
돌아서는 체온
온유함의
흔적만을

어렴풋이
수줍음만을
아름답게 남겨 보내리

김두루 시집 《함께 가야 할 그 길》 해설

순수한 시정(詩情)에 녹아버린 신앙

김 치 홍 (문학평론가, 문학박사)

1.

　2013년 영국의 월간지 《프로스펙트(prospect)》가 공개한 '올해의 세계 사상가 65인' 중 1위를 차지해, 올해의 최고 사상가로 선정된 바 있는 리처드 도킨스(Richard Dawkins)의 《만들어진 신(The God Delusion)이 2007년에 번역되어 발간된 후, 우리나라 기독교계는 언젠가는 올 것이 왔다는 태도에서 마귀의 행패라고 하는 등 거부반응이 엄청나게 컸다. 도킨스는 《이기적 유전자(The Selfish Gene)》, 《눈먼 시계공(The Blind Watchmaker)》 등의 책을 써서 유명해진 진화생물학자의 대표적인 인물이면서, 저돌적인 무신론자로 평가하기도 하지만, 일부에서는 긍정적으로 평가되는 인물이다. 이 책 한권이 우리나라 기독교계에 얼마나 큰 영향이 있을까마는 교회에 대한 부정적 시각이 점증되고 있을 때, 한국에서 출판된 것이어서 일정부분 영향이 있었을 것으로 판단된다.

한국교회가 위기에 직면해 있다는 것을 여러 가지 징후를 통해 다양하게 진단하고 있지만, 그 중 가장 심각한 문제는 신자가 줄어든다는 것이다. 인구 출생률이 줄어드니 당연히 신자 또한 줄어드는 것은 마땅한 이치이겠지만, 그보다 심각한 이유는 여러 가지가 있겠으나, 그 중의 하나는 교회의 부패로 교인의 이탈이 늘어난다는 것이다. 사회적 윤리가 변하고 도덕과 정치와 교육이 부패해지는 인류 사회에서, 종교도 인간을 위한 그리고 인간에 의한 인간 사회의 한 부분인데, 그것이 부패하고 본질을 상실했다고 해서 도외시한다거나, 또는 교회가 치부의 한 방편으로 이용당했다고 해서 폐기 처분해야 할 것으로 주장한다면, 이것은 지나치게 폭력적이어서 설득력을 상실했다고 판단할 수도 있겠다. 그러나 이것을 이유로 이탈한다면, 이탈하는 것을 잡아들일 수는 없는 것이 현실이다. 그러나 한국교회 모두가 위기가 아니라는 것이다. 그리고 참된 신앙은 교회와는 큰 상관성이 있는 것이 아니다. 따라서 문제성이 있는 대형 교회의 영향으로 모든 교회를 일반화해서 함께 묶어 부패한 것으로 판단하는 오류를 범해서는 안 될 것이다.

이런 장광설을 모두(冒頭)에 달아놓는 것은, 위에서 언급한 우려와 다른 신앙의 모습을 김두루 시인의 시에서 발견할 수 있기 때문이다. 결론부터 말하자면 대부분의 신앙시는 신에 대한 간구(懇求)와 염원으로 점철되어 있는 것이 일반적인데 그렇지 않다는 것이다. 신앙 자체에서 기쁨과 감사함이 넘치고 있다.

2.

　김두루 시인의 시에서 제일 먼저 눈에 띄는 작품은 장시의 면모를 보인 〈사랑은〉이란 시이다. 이 시는 종교적인 시로 보지 않아도 되는 품격의 연가(戀歌)이다. 시인은 좋아하는 사람과 사랑하는 사람을 대비하여 사랑하는 사람이 특별함을 드러내고 있다. 대개의 경우 좋아하는 것이 발전하여 사랑하는 사람이 되는 것으로 보지만, 이 경우는 순서일 뿐이지 비교의 대상이 아니다. 그러나 이 시인은 별개로 구분하여 그 차이를 시로 표현하고 있다.

　좋아하는 사람은
　수첩의 맨 앞에 쓰지만
　사랑하는 사람은
　마음속 깊은 곳에
　말없이 새기는 것입니다

　좋아하는 사람은
　아는 것이 많은 작은 일이지만
　사랑하는 사람은
　알고 싶은 것이 더 많은 일입니다

　좋아하는 사람은
　눈을 크게 뜨고 싶은 사람이지만
　사랑하는 사람은
　눈을 감아야 볼 수 있는 사람입니다

우정은 곁에 있는 것만으로도
가슴 벅찬 느낌이지만
사랑은 곁에 있을수록 확인 하고픈
작은 사랑의 물음표입니다

사랑에 대해 더 확인 하고파서
매일 만나도 돌아서면 생각이 나서
핸드폰을 열게 되는 까닭은
그 뿌듯한 느낌의 사랑의 화살표가
가슴속에 찐하게 머물러 있기 때문입니다

사랑하기에 무엇이든 따뜻하게
감싸 줄 수 있는 작은 이유는
사랑하는 사람을 신뢰하기에

늘 옆에 있어도
혹시나 모자라지 않는지
사랑의 따뜻함의 입김을
마음속에 깊이 불어넣어주는

사랑하기에 사랑의 힘은
얼마나 큰 힘을 갖고 있는지

사랑하는 사람이
모든 면에서 많이 소유했기에

좋아서 있기 보다는
함께 있는 이유 하나로
너무 소중하고 값진 사랑이기에

《사랑은》 부분

  이 시는 전체를 둘로 나누어 4연까지는 좋아하는 사람과 사랑하는 사람의 차이를 설명하고 있고, 5연부터 마지막 연까지는 사랑하는 사람에 대한 시적화자의 태도와 심경이 나타나 있다. 1연에서 좋아하는 사람과 사랑하는 사람에 대한 관심을, 좋아하는 사람은 수첩 맨 앞에 써서 그 관심도를 표현하였고, 사랑하는 사람은 마음 속 깊은 곳에 새긴다(銘心)는 것으로 그 차이를 극명하게 보여주고 있다. 2연에서 좋아하는 사람에 대해서는 아는 것이 많지만 그것은 작은 일이고, 사랑하는 사람은 알고 싶은 것이 끝이 없는 것으로 관심의 정도가 아주 크다. 3연은 좋아하는 사람은 눈을 크게 뜨고 보고 싶은 사람이지만, 사랑하는 사람은 마음속에 있어 눈을 감아야 볼 수 있다. 좋아하는 사람을 격하시키거나 모자람을 나무라지 않고 사랑하는 사람과 함께 높이지만, 조금 더 나은 것이 사랑하는 사람임을 노래하고 있다. 이와 같은 구별은 뒤이은 연에서 그 이유를 알게 된다. 좋아하는 사람은 우정이어서 곁에 있는 것만으로도 가슴이 벅차지만, 사랑하는 사람은 곁에 있을수록 그 사랑을 더 확인하고 싶은 것이다. 그래서 사랑의 화살표가 가슴속에 남아있어 핸드폰을 열게 되고, 늘 옆에 있어도 모자라는 게 없나 살피게 된다. 사랑하는 사람이 모든 면에서 많이 가져서 좋아진 것이 아니고, 그리고 좋아서 함께 있는 것이 아니라, 함께 있는 그 자체만으로도 소중하고 값지게 느껴지기 때문이다. 사랑을 노래한 시는 많다. 시인마다 뛰어난 시적 발상을 참신한 이미지로 사랑을 다양하게 노래한다. 이 시도 이미지가 참신하다. 우정과는 차원이 다른 이처럼 순수하고 아름다운 사랑은 점차 신앙의 시로 바꾸어진다. 변화했다기보다, 〈사랑은〉에서 진면목을 드러내지 못했던 것을 좀더 솔직하게 구체적으로 토로(吐露)했다고 보는 편이 더 나을 것이다.

그 뒤를 이을 시는 〈마음으로 하나 되는 사랑〉인데 시집의 서두를 장식한 작품으로 서시(序詩)인 셈이다. 이 시에서 '그분'과 마음으로 하나 되어 '청지기'로서 '큰 사랑'을 이 세상 끝날 때까지 전할 수 있게 되기를 바라는 마음이 담겨져 있다. 시인은 이 시를 서시(序詩)로 배치함으로써 자신의 시를 짓는 목적을 밝히고 있다.

마음의 하나가 된 사실에
그 사랑을 흡족하게 할 수 있는
사랑의 호흡하며 살아갈 수 있는
청지기의 삶은

그 무엇과도 바꿀 수 없는
사랑으로 채울 수 있기에
세상의 어느 것 하나라도 오직 마음을
채울 수 있는 것은 하나도 없기에

사랑의 마음을 담아 모든 사랑에
하나가 될 수 있는 일은 늘 그분과 함께 하는
마음으로 전할 수 있는 그 사랑 때문에

오늘은 이곳 내일은 저곳으로 아버지의
큰 사랑으로 기쁨을 담아
아버지의 큰 사랑 전할 수만 있다면

그분과 마음으로 하나가 되어
이 세상 끝날 까지 피조물이 될 수 있도록
아버지 온전한 사랑으로 사용하옵소서
〈〈마음으로 하나 되는 사랑〉 부분〉

이 시에서 시인은 세상에 무엇과도 바꿀 수 없는 것이 사랑이라고 하면서, 그분의 사랑을 전할 수 있는 피조물이기를 기원하고 있다. 자신의 소회(所懷)를 담은 시이기도 하지만, 이 시집에 수록된 그의 시가 신앙시의 범주에 속함을 알 수 있다. 신앙이 종교적 믿음의 특별한 체제를 확신하거나 신뢰하는 것이라면, 신앙시는 종교적인 신앙심이 문학적 형태의 하나인 시(詩)로 표현되었을 때, 이를 두고 신앙시 혹은 종교시라고 할 수 있다. 흔히 신앙심이 투철한 사람이 자신의 감정이나 정서를 시로 쓰는데, 이것은 자신의 느낌이나 생각을 시로 표현하는 것으로 바람직한 문학적 행위이다.

그 뒤를 잇는 시가 그분과의 관계가 형성된 과정을 노래하고 있는 것이, 〈하나가 된 사랑〉이다. 그분과의 관계가 이루어진 지난날을 회상하는 형식으로 쓴 이 시는, 만나서 길을 걸으며 그대를 위한 기도로 사모하는 마음을 길렀고, 그 과정에서 사랑의 자라남을 위한 눈물도 있었음을 고백하였다. 그러면서 앞으로도 어떤 아픔이 오더라도 그대 곁에 있을 것이며, 온전히 하나가 되도록 노력할 것임을 다짐하고 있다.

기억하나요.
우리가 걷던 그 길을
그때는 알지 못했죠
이렇게 하나가 될 줄

모든 것 아름답게
당신의 마음에 온전히 새겨진
아름다운 모습에
이제 어렴풋이 생각이 나네요

오늘의 사랑을 위해
흘렸던 모든 눈물이
내 작은 사랑을
자라게 했어요

사랑해요 그대를

내게 어떤 아픔이
찾아오더라도
언제나 그대 곁에서
내가 더 사랑할게요

그대를 위해
늘 기도하며
사모했어요

오직 하나가 될 수 있는 사랑 안에
온전히 채워지도록
오늘도 하나 될 수 있도록
찐하게 사랑할게요

〈〈하나가 된 사랑〉 부분〉

 '그분'과 하나가 된 사랑이 절대자인 신과의 만남 이후, 끊임없는 기도와 눈물에 의한 간구로 이루어진 것임을 고백하고 있으며, 그분과의 사랑을 위해 더욱 노력할 것임을 시적 자아는 다짐하고 있다. 위의 세편의 시에서 시적자아와 '그분'과의 관계 형성과 사랑하게 된 사연을 조금이나마 엿볼 수 있다. 이를 통해 흔히 사랑을 노래한 연시와 다른 모습을 보게 되는 데, 절제된 감성과 진솔한 마음을 여지없이 드러내고 있다. 그러면서 시인은 사랑하는 마음이 그분과 자신과의 사랑을 통해 존재의 의미를 드러내고 있음을 말하고 있다. 마치, 칼릴 지브란이, "사랑은 이 모든 일들을 너희에게 베풀어 너희로 너희 마음속의 신비를 깨닫게 할 것이요, 그것을 깨달음으로 너희는 한 삶(大生命)의 깊은 마음의 한 가닥이 되느니라."(칼릴 지브란(Kahlil Gibran), 함석헌 역, 《예언자(The Prophet)》, 삼중당, 1964, p.28) 그리고, "너희가 사랑할 때에는 '하나님은 내 속에 계신다.' 하지 마라, 그보다도 '나는 하나님 안에 있노라' 하라. 사랑은 소유하지도 않고 누구의 소유가 되지도 않는다. 그것은 사랑은 사랑으로 족하기 때문이다."(p.29)라고 한 말을 연상케 한다. 그리고 이 세편의 시에서 종교적 경건성이라든가, 절대자에 대한 간구, 속죄의식과 회개를 내세워 신앙심을 과장하는 것이 없음을 볼 수 있다. 이쯤에서 우리는 신앙시가 기도문이 되어서는 안 된다는 사실을 조금 이해하게 될 것이다. 종교적 행위는 일반적으로 예배나 기도를 통해서 절대자의 영광을 찬양하고 경배하기도 하지만, 그보다 더 절실하게 신앙시를 통해서 정제(精製)된 진정성이 나타나기 때문이다.

3.

이 시인의 은근한 시적 표현은 시적 자아가 절대자를 만나는 과정을 통해 잘 보여주고 있다. 세 작품 〈눈물의 가치〉, 〈인연〉, 〈소중한 감동〉 등을 통해 살펴보기로 한다. 〈눈물의 가치〉에서 절대자에 대한 무한한 사랑을 노래한 시인은 그와의 만남이, 눈물을 머금은 당신의 작은 미소가 자신의 마음을 열게 했고, 시적자아 또한 마음에 눈물이 채워짐으로써 이루어졌음을 고백하는데, 이는 만해(萬海)

의 '날카로운 첫 키스'로 시적 자아가 깨달음의 경지에 이르는 것처럼 강렬한 감동으로 남지만, 현란하지 않다.

여기 눈물이 있어요
이 눈물로
당신의 눈 안에
이슬로 맺힌 미소가
내 마음을 열게 했어요

눈물이 당신의 눈망울에
이슬로 맺혀질 즈음에야
내 마음 앞에
당신의 눈물로 채워졌어요

눈물로 채워진 흔적 안에
이 새벽아침에도 은밀히 다가감으로
늘 새롭게 또 새롭게 채워진
눈물의 흔적만으로

눈물의 또 다른
기쁨의 여운만을
이 새벽에도 은밀히
아름답게 채워지게 했어요

그 눈물의 가치

내 영혼의 여운만으로 채워진
단 하나의 의미 안에 들어감으로

잊히지 않는 또 하나의
소박함만을
내 영혼의 눈물만을 담아

늘 새롭게 채워진
단 하나의
기쁨의 의미만으로
이 새벽에도 눈물의 가치로
아름답게 채워지게 했어요

─〈눈물의 가치〉 전부─

　눈물 맺힌 작은 미소가 시적 자아를 전율케 한 모티브가 되어 늘 새롭게 그리고 영혼의 작은 여운으로 아름답게 채워져서 단 하나의 의미로 남게 된다. 시적 화자의 작은 눈물은 감격의 눈물일 수도 있지만, 감격의 눈물 뒤에 숨겨진 회한의 눈물일 수도 있다. '작은 기쁨의 눈물'의 강조가 그것을 의미한다. 작은 눈물의 가치가, 시적자아의 영혼을 아름답게 채워지는 것은 '당신'을 만남과 함께 모든 것을 극복하였을 때, 비로소 이루어진 것이다.

　이러한 소중한 '눈물의 가치'로 이루어진 만남은 작은 인연으로 환원되어 절대적인 존재로 나타나게 된다. 작은 인연이지만 한번의 인연은 피할 수 없는 전제(前提)가 되어, 그 사슬을 벗어날 수 없게 압제(壓制)한다. 그러나 시인은 억압된 존재가 아니라 그 인연으로 기쁨을 얻게 된 것이다.

>   가까이 찾아오는 인연은
>   소박함의 기쁨만으로 채워지지만
>
>   잊히지 않는 인연은
>   소중함의 여운마저
>   가슴 조이게 하고
>
>   새롭게 찾아온 인연 앞에
>   내 모든 것 그 안에 들여짐은
>
>   소중함으로 채워진 인연의
>   기쁨만을 아름답게 채워
>
>   내 안에 찾아온 기쁨은
>   때론 이해할 수 없는 아픔과
>   서러움이 밀려온다 하여도
>
>   먼 훗날 되돌아보면 내안에 나를
>   온전히 다시 채워주는 소중함의
>   인연만으로 채워져
>   　　　　　　　　　　　《〈인연〉 부분》

1,2연에서 가까이에서 찾은 작은 인연이 기쁨이었지만, 그 인연은 잊혀지지 않고 소중함으로 남아 그 여운마저 가슴을 조이게 한다고 했다. 작은 인연으로 신과의 만남은 가슴을 조이게 했을 만큼 충격이었던 것이다. 그러나 시인은, 내면은 감당할 수 없을 만큼 격정적이지만, 요란하지 않게 차분하게 표현하고 있다. 작은 인연으로 소중한 존재가 된 뒤에는 비록 작은 기쁨일지라도 아름답게 채울 것임을 다짐한다. 그것은 인간이 자기 정체성에 대한 결정적 물음, 즉 자기의 삶과 죽음이 가지는 의미와 무의미에 대한 물음을 다 거친 뒤에 오는 결단이고, 결국 현실 자체에 대한 회의에 봉착하게 되어, '때론 이해할 수 없는 아픔과 서러움이 밀려오는 것'을 이겨냈을 때 이루어지는 것이다. 인류의 삶과 역사 속의 고통이라는 이 압도적 현실에 직면해서, 고통 받고 의심하고 절망하는 인간에게서 새로운 삶의 세계를 스스로 터득한 것이다. 한스 큉(Hans Kung)이, "용납할 수 없는 하나님의 세계를 부정하거나, 부조리한 세계를 뒤엎는 혁명을 선포하는 것 이외에 다른 대안은 없는 것일까?"라고 묻고 그 대안을 기독교 신앙공간이 존재하는 것에서 찾고 있음을 언급했던 것과 같은 맥락이다.(발터 예스, 한스큉, 김주연 역, 《문학과 종교(Dichtung und Religion)》, 문학과지성사, 2019, p.326.) 이런 고통스러운 경험 뒤에 신과의 존재를 서로 인지한 다음부터 공감대를 쌓았고, 작은 그 사랑으로 큰 사랑을 얻어 작은 감동이지만, 소중한 것으로 남게 됨을 말하고 있다. 공감대를 쌓았다는 것은 신앙이 깊어지고 있음을 말한 것이다.

눈동자를 보며
그 진실함을
알았습니다

늘 말하지 않아도
진실의 공감대를 쌓으며
신뢰할 수 있는
이유는

서로 통하는
사랑이
싹 트기에

새벽마다 고백 드리는
감동의 이야기도

아련한 소중함으로
아름답게 물들여져

온전히 북돋을 수 있는
그 사랑으로
큰 사랑 작은 감동으로
마음을 담아
말없이 전합니다

〈소중한 감동〉

'진실의 작은 공감대'나 '새벽마다 고백 드리는 작은 감동의 이야기'는, 혜산(兮山) 박두진이 말한, 신앙으로 인한 기쁨과 인간적 한계에 대한 고뇌와 고민, 그리고 기독교 정신으로 바라본 사회의 모습과 자신의 고백대로 영광을 돌릴 유일한 대상이 되는 하나님에 대한 찬양과 기도가 될 것이다.

4.

신앙시는 신앙인 혹은 종교인으로 사는 삶을 규정할 수 있다. 이런 선입견이 간혹 신앙시는 일상적인 생활에서 기인한 회개와 용서, 혹은 감사와 찬양, 소망과 구원 등을 노래한 것으로 인식되어 얼마쯤은 답답하거나 고루하게 느껴진다. 특히 인간의 근원적인 원죄의식(原罪意識)이나, 일상생활에서 이루어진 도덕적, 신양양심에 의한 참회와 속죄, 종교인 또는 지성인으로서의 자책감을 신앙시로 표현할 경우에는 그 정도가 더 심해질 수 있다. 이렇게 된 연유는 지나치게 신앙에 경도되었을 경우, 정서적인 부분이 약화되어 심하면 교조적(敎條的)인 시가 되기 십상이기 때문이다. 시인으로서 신앙인이 되기보다는 신앙인으로서의 시인이 되는 것이 바람직해 보인다. 왜냐하면, 소재가 그 자체로서 가지는 의미나 가치가 그대로 시 안에서 유지되는 것도 아니다. 중요한 것은 정서의 위대함이나 강렬함이 아니라 예술적 과정에서 융합이 일어나는 압력의 크기라는 것이다. 엘리엇(T.S Eliot)의 말이다.

이 시인의 작품에서 소박한 일상적 생활을 통해서 겸손

함을 볼 수 있다. 작은 기쁨이 될 만한 가치밖에 안 되지만, 말할 수 없는 희열을 느끼는 삶에서 겸손함은 의도적으로 될 수 있는 게 아니다. 체질화 된 겸손함에서 얻어진 것이고, 그것에 의한 기쁨은 다시 섬김의 자세를 배태시키는 요소가 된다.

말없이 채워지는
기쁨의 가치가
때론 내 삶에
말할 수 없는 기쁨을 주고

잠시 후에
내게 펼쳐질
기쁨의 가치가
세상의 수억을 주고도
바꿀 수 없는 흔적의
기쁨이었기에

때로는 내게 말할 수 없는
아픔과 서러움이
말없이 밀려온다 하여도
잠시 후에 펼쳐질 기쁨이
내게 온다고 은연중에 속삭임은
천하를 얻고도 비교할 수 없는
기쁨의 흔적이었기에

> 이제 그 흔적의 기쁨을 찾아
> 말없이 항해하는
> 또 하나의 등대지기 되어
>
> 오늘 그리고 내일도
> 늘 새롭게 내게 작은
> 기쁨의 가치만으로
> 늘 새롭게 말없이
> 채워지게 하소서
>   〈〈고통 안에 감춰진 작은 기쁨의 가치 하나〉 부분〉

 비록 작은 기쁨이지만 시적화자에게는 수억을 주고도 바꿀 수 없는 삶의 흔적으로 남는다. 그러나 삶은 멈추어 있는 것이 아니라, 항상 진행형이어서 간혹 이루 말할 수 없는 아픔과 서러움이 밀려오게 된다. 누구나 겪는 일이지만, 다 같지 않은 것은 그것을 극복하는 자세와 능력이 다르기 때문이다. 이 시인은 신앙의 힘으로 이겨내고 있음을 알 수 있다. 그래서 힘들고 고달파도 기쁨을 찾아 떠도는 사람에게 등대지기가 되기를 자처하고 있다. 신앙시는 대부분 인간조건의 숙명적 비극을 깨닫는 것에서 시작된다. 대개 그런 시를 읽으면, 신앙생활이 깊은 회한(悔恨)에서 비롯되었음을 알게 된다. 대개의 이러한 신앙시의 신앙적 자아는 자신의 실존에 대한 한계의식에서 출발하는데 이러한 인간적인 한계의식을 성찰을 통한 신앙적 차원에서 극복하고 예지(叡智)의 시를 쓰게 된다.

이 시인이 늘 그분을 만난 기쁨을 노래한 것과는 좀 다른 작품이 〈홀로 다녀가는 단 하나의 작은 가치〉이다. 신앙인이라는 선입견 없이도 그의 일상은 신앙인다움이 넘쳐난다. 시나브로 사라지는 저녁 노을을 보고 작은 쉼을 내려놓고 안도하는 모습은 삶을 관조하는 자세이며 이는 굳이 종교적 의미로 해석하지 않아도 된다. 일상의 생활을 채우는 것이 감동이고 그것을 작은 가치로 치부하는 삶은 복된 삶이다. 자신에 대한 현실인식이 철저하지 않으면 불가능하다.

오늘도 작은 쉼을 내려놓고
은밀히 채워지는 노을을 보며
하룰 열심히 살았구나 하는
마음의 위안을 얻고

비록 내게 가진 것이 없어도
내게 작은 것을 담아 은밀히 드림은
때로는 말할 수 없는 아픔과
서러움이 말없이 밀려온다 하여도

지금 이 순간 말없이 채워지는
소중함만을 담은
질그릇의 보배만으로

오늘을 채운 감동의 의미만을

새롭게 다가서는
또 하나의 감동만을 드리며

오늘도 가치로 채워진
소중함만을 담아
은밀히 그 안에 채워지게 하소서
〈홀로 다녀가는 단 하나의 작은 가치〉

이 시에는 겸손함에다 희생을 더한 삶을 노래한다. 아픔과 서러움이 말없이 밀려오는 처지에 이르러도, 나의 보잘 것 없는 것을 은밀하게 드림으로 작은 기쁨이 된 삶이 시적자아의 삶이다. 비록 작은 것일지라도 드림으로 얻은 기쁨을 보배만을 질그릇에 담는 소박하고 진솔(眞率)한 삶이 거기에 있다. 그래서 시인은 작은 가치로 채워진 소중한 기쁨을 은밀히 담게 되기를 소망한다.

5.

이 시인이 세상을 바라보는 시각은 매우 긍정적이다. 간혹 세상을 비판적으로 바라보고 새로운 세상을 바라는 시들이 많은데, 자신의 보편적인 삶에서 세상을 긍정하고 있다. 살다 보면 더러는 비에 젖고, 바람에 부대끼기도 하며 울고 웃는 삶이 장삼이사(張三李四)의 삶일 것이다. 시인은 말한다. 원망의 불씨는 키우지 말고, 시원한 솔바람처럼 살면, 싱싱하면서 운치 있게 자란 푸른 소나무를 닮을 수도 있다고. 그리고 좀더 간절하게 원하고 권하는 것은, 스치는 바람이 차서 한기(寒氣)를 느낄지라도 마음이 따뜻하여 긍정적으로 생각하고 참고 견디면 고난도 연인이 된다는 생각은 세상을 보는 이 시인의 눈이 얼마나 따뜻한지 알 수 있게 해준다.

살아가는 동안
기쁜 날, 좋은 일만 있다면
삶이 왜 힘들다고 하겠는지요
더러는 비에 젖고
바람에 부대끼며
웃기도 울기도 하는 일이
우리네 인생이지요

내 마음 같지 않은
세상일지라도
내 마음 몰라주는
사람들일지라도
부디 원망의 불씨는
키우지 말고
그저 솔바람처럼 살다 보면
언젠가는 푸른 소나무를
닮아있겠지요

오늘 힘들어하는 당신

잘 사귀면 스치는 바람도
소중한 친구가 됩니다
인내와 손을 잡으면
고난도 연인이 됩니다

세월은 멈추는
법이 없어도
당신이 걷지 않으면
길은 가지 않습니다

힘내세요! 용기를 가지세요
항상 당신을 멀리서 바라보는
작은 영혼들이 곁에 있잖아요

〈〈삶의 이유〉 전부〉

 세월의 흐름 속에서 자신만의 길을 걷는다는 것은 능동적인 삶의 자세이다. 혹시 독선에 가까울 수도 있지만, 멈추지 말고 걸으라는 것은 피동적으로 살지 말고 용기를 가지고 살라는 권고이다. 자신의 내면을 드러내던 시인이 타인을 위해 권유의 말을 하고 있다. 내면화 되어진 시선을 밖으로 옮기면서 타인의 삶을 관찰하고 위로하고 권유한 것이다.
 다음의 시는 자신에게 말하고 있지만, 사실은 타인을 위한 권유의 말이다.

감사의 말 한마디는
그 사람의 마음을
움직이게 합니다

감사의 말 한마디는
억눌렸던 마음을
내려않게 해줍니다

감사의 말 한마디는
마음에 잊히지 않는
기적을 만들어 줍니다

감사의 말 한마디는
마음을 더욱 새롭게
만들어 줍니다

감사의 말 한마디는
감사하게 만들어주는
새로움을 만들어 줍니다

감사의 말 한마디는
또 하나의 작은 감사를 낳게 하는
작은 감사로 채워지게 만듭니다

감사의 말 한마디로

누군가에게 작은 유익으로
아름답게 채워지게 합니다

〈〈감사의 말 한마디는〉 전부〉

감사합니다, 고맙습니다 등의 말은 듣는 이를 즐겁게 한다. 어떤 행위에 대한 응대에 불과하지만, 듣는 사람을 흡족하게 만들어 주는 말이다. 이 시인이 이런 소재를 찾아 시를 썼다는 것은 자신의 경험이 반추(反芻)된 것이기도 하지만, 우리의 사회생활의 일면을 잘 관찰한 결과이기도 하다. 천 냥으로 빚을 갚는 일이야 없겠지만, 사소한 말 한 마디로 기쁨을 준다는 것은 큰 기적을 이룰 수도 있다. 그래서 시인은 감사의 말 한 마디가 타인의 마음을 움직이게 하기도 하지만, 자신에게도 억눌렸던 마음이 열리는 계기가 될 수도 있음을 노래하고 있다. 결국 감사의 말 한 마디는 듣는 이나 말하는 이나 모두에게 마음을 새롭게 만들어 주어 또다른 작은 감사를 낳게 한다.

6.

이 시인의 작품에서는 내면화 된 시인의 신앙을 바탕으로 한 시를 만나게 된다. 그러나 이 시집에서는 신에 대한 숭모(崇慕)하는 마음이야 없지는 않지만, 신에 대해서 자신의 잘못을 참회(懺悔)하고 용서를 비는 행위나, 신에 대한 소망과 구원(救援)에 시가 매몰되지는 않았다. 신에 대한 감사와 기쁨이 주류를 이루면서, 또한 신과 자신과의 교감을 이루고 있다. 좋은 신앙시는 참다운 삶을 살아갈 수 있도록 제시해 주는 예언과 삶의 지표(指標)를 제시해 주면서, 그 삶이 올바른 것인가를 적시(摘示)해 줄 수 있는 구도적인 삶의 자세일 것이다. 신앙이라는 종교적 논리에 경도(傾倒)되어 그것의 시적 형상화가 균형을 이루지 못했을 경우, 앞에서 언급한 대로 교조적인 것이 되고 말 것이다. 시를 압도할 만큼 종교적 요소가 강하면 시가 종교적 논리에 패배(敗北)하는 것은 당연하다. 따라서 종교적 논리가 우세한 표현(表現)의 열정(熱情)을 어떻게 아름다운 시로써 형상화하느냐 하는 것이 관건이 될 것이다. 그러나 이보다 더욱 중요한 것은 인류의 보편적 가치를 정서적으로 노래한 시일 것이다. 다양한 소재에서 시인의 사고 영역이 마치 스펙트럼처럼 펼쳐질 수 있기를 바란다.*